教師の**資質・能力**を高める!

アクティブ・ラーニングを超えていく「研究する」教師へ

教師が学び合う「**実践研究**」の方法

石井英真 編著

日本標準

まえがき

社会の変化を背景にした新学習指導要領では，資質・能力，アクティブ・ラーニング，パフォーマンス評価，カリキュラム・マネジメントなどのキーワードが躍り，目標・内容・方法・評価の教育活動全般にわたる一体改革が進行しようとしている。こうして，制度的な枠組みが体系的に整備され，新しい学びへの精密な見取り図が示されても，最終的にそれが実現されるかどうかは，現場の教師たち一人ひとりの，あるいは教師集団としての力量いかんにかかっている。

学校不信と教育万能主義が同居する状況下で，教師たちは多忙の中で仕事の手応えも得られず専門職としての誇りも失ってはいないだろうか。学校不信は，保護者対応や書類仕事の増加により，教師を本業（子どもと関わる教育活動やそれを支える研修）から遠ざけ，教師たちは徒労感を強めている。また，人間の能力開発に無限の可能性を見いだし，社会問題を教育で解決できると考える教育万能主義を背景に，次から次へと学校に過度な期待や要求が寄せられ，現場は改革疲れに陥っている。

2013年のOECD（経済協力開発機構）のTALIS（Teaching and Learning International Survey：国際教員指導環境調査）でも，日本の教師の勤務時間が他国に比して特に長く，人材の不足感も大きいことが明らかにされており，教師の労働環境の改善，学校や教職への信頼・尊敬の回復，教育改革に向けての条件整備は急務といえる。その一方で，現場の外から押し寄せる改革に惑わされることなく，したたかさとたくましさをもって，目の前の子どもたちのよりよい学びにつなげ，地に足のついた実践を積み上げていけるよう，教師一人ひとりや教師集団をエンパワーしていくことも必要である。

現場の教師たちのエンパワメントに関わって，日本の教師たちの実践研究の文化に注目することが有効だろう。本書第１章で詳述するように，日本の教師たちは，学校や教室の外側からではなく，隣の教室や自らの教室の実践の事実から学び，それを研究的に深め，実践の中から知識創造（自分たちの実践を語る自分たちの言葉と論理の構築）を行ってきたのである。授業研究をはじめとする，こうした教師たち自身による実践研究の文化の蓄積は，近年日本国内外で再評価されてきているが，すでに述べたような学校と教師をめぐる厳しい状況の中で，また，都市部を中心に教員の世代交代が急速に進む中で，その文化は萎えつつあるし，校内研修など，形としては残っていても，その精神までもが十分に継承されているとは言い難い状況も見られる。

そのような困難の中でも，形式化に陥らず，専門職として実践の卓越性を追求し，授業の事実から真摯に学び合う教師たちや学校は少なからず存在する。また，研究授業や研究協議のようすのまとめに加えて，それらをふまえた実践指針の一般化や関連する研究者の理論の紹介など，そのまままとめて刊行しても授業づくりの知恵をまとめた指南書として通用するような，すぐれた研究通信を日常的に刊行している教師もいる。

日本の実践研究（現場からの知識創造）の良質の遺産を継承し，教師の学びの場づくりについて，地に足のついた取り組みを積み上げている，学校や教師たちの姿とその叡智を残せないか。そして，目の前の授業改善に閉じた授業研究のみならず，日本の教師たちが積み上げてきた実践研究の重層性と多面性を明らかにし，現場からの骨太な教育思想や理論の提案という次元を含んで，教師の実践研究の伝統を再評価できないか。こうした問題意識をもって，本書は，研究する教師たちの事例とそれを支える論理を紹介するものである。これにより，各学校や自治体の研修担当者，あるいは，教育サークルのリーダーなど，教師教育の実践者に対して，教師の学びの場をデザインする際の指針を提起することを意図している。

第１章では，日本における教師の実践研究の文化の歴史とそのエッセンスについて整理する。第２章では，校内研修をベースに学び合い研究するコミュニティを構築してきた，学校単位の取り組みの事例を取り上げている。各事例は，公立学校と附属学校，研究主任の視点と管理職の視点，教員集団全体での厳しい討議とグループに分かれてのワークショップでのリラックスした対話といった具合に，授業研究へのアプローチの多様性を示している。第3章では，自主的な研究サークルや民間教育研究団体など，学校を超えたつながりの中で研究する教師たちの事例を取り上げている。実践者主導の研究会のみならず，研究者主導のものも取り上げ，また，日本の民間教育研究団体での実践研究の核となってきた実践記録の執筆と相互批評についても紹介している。第4章では，大学や行政による現場教師の学びをサポートする取り組みについて取り上げている。その際も，理論と実践の間，ボトムアップとトップダウンの間で，ややスタンスの異なる事例を取り上げることで，日本の教師教育システムの多様性と論点が浮かび上がるのではないかと考えた。

本書が，日本が蓄積してきた教師たちの実践研究と教師の学びを支えるシステムの厚みに光を当て，それを発展的に継承する次世代の研究する教師たちと新たな教育文化が生まれる一助となるなら，望外の喜びである。

最後になったが，日本標準ならびに担当の郷田栄樹氏には，本書の企画から刊行にいたるまで，多大なご支援をいただいた。ここに記して感謝したい。

2017年2月

石井英真

目　次

第３章 学校を越えたつながりの中で研究する教師たち

第４章 研究する教師を支える組織やシステム

日本における教師の実践研究の文化
――「研究する」教師たち

京都大学　石井英真

第1章

1. 日本の教師たちの教育実践研究の文化とその現代的課題

第1章では，日本の教師たちの教育実践研究の文化について明らかにするとともに，実践の直接的改善という目的にとどまらない，その意味（専門職としての自律性の基盤）を確認する。その上で，日本の教師たちが蓄積してきた，教師による教師の成長のための実践研究の多様な展開について素描する。

近年，「授業研究（lesson study）」（授業公開とその事前・事後の検討会を通して教師同士が学び合う校内研修の方法）をはじめ，日本の教師たちの実践研究の文化が再評価されている。日本における授業研究の歴史的起源は，明治初期にさかのぼる。欧米式の一斉授業方式の導入と普及がめざされる中，模範とされる方法を実践的にマスターするために，詳細な指導案を作成し，研究授業を公開し，観察者を交えた授業批評会を行うという形での教師の研修が実施されるようになった（効果検証志向の授業研究）。

他方，こうした授業方式の開発・普及を志向する授業研究を，教育の実際から問い直す動きが，大正期の新教育運動において出現する。大正自由教育の代表的な実践校の一つである，「児童の村小学校」の教師たちは，私小説をモデルとする物語調の実践記録のスタイルを生み出した。実践記録は，授業の方式よりも，教室での固有名の教師や子どもたちの生きられた経験を対象化するものである。それは，国家の意思を内面化した教師を超えて，自分たちの実践経験を自分たちの言葉で語り意味づけていく，そうした研究的な実践家としての教師の誕生を意味していた（経験理解志向の授業研究）。

以上のような日本の教師たちの実践研究の文化については，たんに事例研究を通じて効果的な授業方法を実践的に検証している，授業や子どもの見方を豊かにしているといったレベルを超えて，哲学することをも伴って研究する志向性をもっていた点を認識しておく必要がある。教師自身が，教室での固有名の子どもたちとの出来事ややりとりを，一人称の視点から物語調で記述する実践記録が多数刊行されてきたことを抜きに，日本の教師たちの実践研究の文化は語れない。多種多様な教師向けの教育雑誌，書店に並ぶ教師による多数の実践書や理論書は，諸外国には見られない特徴であり，日本の教師たちの読書文化や研究文化の厚みを示すものであった。

さらに言えば，日本の教師たちは実践記録を綴るのみならず，実践に埋め込まれた「実践の中の理論（theory in practice）」を自分たちの手で抽象化・一般化し，それを比喩やエピソードも交えながら明示的かつ系統立てて語ってきたという事実に注目する必要がある。またそこでは，たんなる技術や手法だけではなく，教育の目的，授業の本質，教科の本質，子ども観など，実践経験に裏づけられた豊かな哲学や思想も語られていた。斎藤喜博や大村はまといった著名な実践家の一連の著作は，実践記録という域を超え，いわば「求道者としての教師」の道を説く側面をもち，良質の教育思想や教育理論のテキストでもあった。戦後に活発化する大学の研究者による授業研究や教授学創出の試みは，教師たち自身による「実践の理論化（theory through practice）」の蓄積の上に成り立っていたと言っても過言ではないだろう。

専門職としての教師の力量形成を考えるとき，教師自身が，自分たちの授業の構想・実施・省察のプロセスを語る自前の言葉と論理（現場の教育学）を生成・共有していくのを促進することが重要である。こうして，一人ひとりの教師が借り物でない自分の実践と理論を創っていくことをサポートすることが，授業の標準化・形式化を回避し，教師集団の自律性を確立していくことにつながる。

ところが近年，実践的指導力重視の教員養成改革が展開する中，それが即戦力重視へと矮小化され，実務家として実践できること（コンピテンシー），あるいは教育公務員としての組織人的な責任感や態度（まじめさ）が過度に強調されているように思われる。一方で，目の前の子どもたちに誠実に向き合い，教師としての公共的使命や理想とする教育のイメージや実践の方向性を内的に熟考し，社会，人間，子ども，教育に関する観や思想を深めていく学びの機会が，養成段階でも現職研修の段階でも空洞化しているように思われる。そうして今や教師たちは，教育の理念や方向性を，自らの実践の意味を，学習指導要領などからの借り物の言葉でしか語れなくなってしまってはいないだろうか。さらに言えば，小学校の教師たちを中心に体験・実習重視の傾向が強まる中，日本の教師たちの読書し研究する文化と教師のリテラシーは危機に瀕している。

新学習指導要領でのアクティブ・ラーニング（主体的・対話的で深い学び）の強

調については，教育内容のみならず，授業の進め方や授業を語る言葉までもがより直接的に制度的に規定されることにより，教師の仕事が下請け化していくことが危惧される。「授業のヤマ場」「ゆさぶり」「練り上げ」など，現場で創造・共有されてきた，教師たちの自前の言葉や論理がやせ細り，それとともに，それらの言葉が生まれる元にある，日本の教師たちが追究してきた，職人技と思想性が光る深みのある授業が，流行のカタカナ言葉と合う軽いタッチの授業で塗り替えられてしまうことが危惧されるのである。

こうした，日本の良質の教育実践，実践研究，現場の教育学の危機の中で，日本の教師たちの実践研究の文化の内実とそのエッセンスを再確認することが必要である。そこでまず，日本の教師たちの実践研究の文化の意味を明らかにするために，教師に求められる技量の本質，およびその学びと成長の道筋についてまとめておこう。

2. 教師としての力量形成の基本的な道筋

（1）教師の仕事における実践的判断の重要性

授業に限らず，基本的に教師の仕事は，複雑性や不確実性を特徴としている。医師や弁護士などの，専門職と呼ばれる他の職種においては，専門性の根拠となる専門的知識が明確である。しかし，その仕事の包括性や複雑性ゆえに，教職については，そうした専門的知識を明確にするのが困難である。たとえば，専門教科の学問的内容を熟知しているだけ，あるいは，子どもの学習や発達の過程を深く理解しているだけでは，教育活動は成立しない。学問の論理と学習者の論理とは必ずしも一致せず，それらをつなぐには，学習者を想定しながら学問の知を教育内容として組み換え，学習活動を教育的意図をもって組織化する，教える方法に関する知（教授学的知見）が必要となる。さらに，めざすべき教育のあり方や授業のゴール自体も，問い続けていくことが求められる。

授業に即して言えば，一般化された個々の技術や○○方式の適用のみで授業が遂行できないということは明らかだろう。確かに，授業においては，子どもを変えられる確かな「技術」が必要である。しかし，ここで注意すべきは，「教育における技術」は，「モノ作り」のように，作り手の都合に合わせて機械的に遂行しえない点である。子どもたちは，それぞれに個性があり，しかも，自ら成長する願いと力をもって絶えず自己教育している。しかも，授業という営みは，そうした子どもたち同士が複雑に相互作用しながら，教師の意図からはみ出して学習が展開したり，雰囲気における緊張と弛緩という一定のリズムをもって展開したりする，創造的な過程である（ドラマとしての授業）。

子どもたち，教師，教材が織りなす相互作用の中で，教師には，子どもたちの個性的な反応を受け止め共感したり，それに合わせて技術を組み合わせたり新たに創造したり，思い切って当初の計画を変更したり，授業の目標自体を設定し直したりと，即興的な判断が求められる。そして，そうしたドラマのような創造的な過程であるからこそ，学校の授業は，知識の習得にとどまらず，深い理解や創造的思考，さらには，豊かな内的経験も含めた，包括的で有意味な学習成果を実現しうる。日本の教師たちが「授業研究」で追究してきたのは，まさにそうしたドラマとしての授業であった。多くの教師たちは，「授業でこんな表情を子どもたちは見せるのか」「問いかけやことばかけ次第で，こんなふうに子どもたちが動き出すのか」といった，優れた教師の実践のすごみに授業づくりの可能性とロマンを感じ，先達の背中から学んだり技を盗んだりしながら，クラフツマンシップをもって，いわば「授業道」を追究してきたのである。

こうした教師の仕事における判断，熟慮，配慮の重要性は，「教育的タクト」（授業における臨機応変の対応力），「ジレンマ・マネージング」（授業過程で発生する無数のジレンマについて，その時々に瞬時に判断し，やり繰りしていく教師の仕事）といった具合に，さまざまな形で強調されてきた[1)]。多様な領域にまたがる専門的知識を実践過程において統合する見識や判断力が，教師の専門性の核であり，その熟達の程度（判断の妥当性や熟慮の深さや配慮の厚さ）が教師の力量の程度を決めるのである。

（2）教師の学びと成長の道筋

教師の力量は，大学での教員養成において完成するものではなく，生涯にわたる「研修」（研究と修養）を通じて形成されていくものである。ここで研修という場合，自治体などが提供する制度化された研修のみならず，校内研修，公開研究会，研究サークルへの参加といった自主的な研修，さらには日常的な力量開発も含んでいる。では，現場での研修やさまざまな経験を通じて，教師の実践的な技や判断力はどのようにして磨かれていくのだろうか。それは，スポーツや芸道などの技の学習一般がそうであるように，基本的には，「なすことによって学ぶ」という形を取る。すなわち，教室の外側で理論を学んで実践に当てはめるのではなく，実践の中で反省的に思考し，教訓（実践知）を蓄積しながら，実践をよりよいものへと自己調整していくわけである。よって，教師の力量を磨くには，授業の構想・実施・省察の全過程を，教師自身の学習の機会としてどう充実させられるかがポイントとなる。

また，そうした教師の学びは，同年代や先輩教師たちとの間の，タテ・ヨコ・ナナメの重層的な共同関係の下で遂行されていく。たとえば，経験の浅い教師にとって，先輩教師（熟達者）たちにあこがれ，それらをモデルとして創造的に模倣するというプロセスは重要な意味をもっている。ここでいう模倣とは，たんに表面的な行動をまねるのではなく，目の前の状況に対して，「○○先生ならばどう考えるだろうか」と思考し，めざす授業像，および，思考方法や感覚を共有することである[2)]。そうして実践者としての問題や対象への向かい合い方を模倣することは，それを徹底すればするほど，自分なりのスタイルを構築すること（モデルからの卒業）につながるだろう。

優れた判断を支える実践知の多くは，論理的に明示的に言語化はされにくく，具体的なエピソードや，それに関する感覚や意味づけの形で，暗黙知（感覚的で無意識的な知）として，実践者個人や実践者の間で蓄積されている。こうした，実践共同体に蓄積されている実践知は，あこがれの教師のように日々思考したり，同僚と授業や子どものことについて対話したり，実践記録を読んだり書いたりするなど，生のエピソードや事例を介した判断過程の追体験を通して学ばれていく。

そうして経験を通して暗黙的な実践知を学ぶ一方で，教科内容，子どもの学習，教育方法などに関する諸理論（形式知）を学ぶことも重要である。理論を学ぶだけで上手に実践できるわけではないが，だからといって理論を学ばないというのは誤りである。教師たちが自らの実践を支えている論理を自覚化し，より広い視野から実践の意味を理解し，それを語る言葉をもつ。それは，教師の感覚的な判断を根拠や確信を伴ったものとし，実践の変革可能性や柔軟性も準備するだろう。教師の学びは，模倣と省察の過程で理論知と実践知を統一する研究的な学びとして遂行されねばならないのである。日本において展開されてきた，実践記録の相互批評や「授業研究」をはじめとする教師の実践研究が，こうした教師の学びの道筋に沿ったものであることは明らかだろう。

より長いスパンで教師としての成長を捉えるなら，教職生活において教師には，授業観，子ども観，さらには教育観全体に関わる変化や転機があるものである。それは，問題を抱えた子どもたちとの出会いと交流の経験，優れた先輩や指導者との出会いのみならず，職務上の役割の変化や個人および家庭生活における変化など，学校内外のさまざまなことがきっかけとなって生じる。そうした転機やそれが生み出すライフコースは，基本的には個々人によって多様だが，その平均的なステップを描くなら，おおよそ16ページの**表1-1**のようになる。

教師は，さまざまな困難に直面するたびに，自らの教職アイデンティティを問い直すことで成長していく（コラム6を参照）。それは，学校や同僚に支えられながら，子どもから学ぶ余裕があってこそ可能になるものである。しかし，昨今の教師をめぐる状況は厳しい。教育に対する要望や期待は高まる一方で，教師や学校に対する信頼は崩れ，教師は一切の「失敗」が許容されず，大胆な取り組みもできにくい状態である。何より，本業以外の事務作業や保護者対応などの増加により，手応えの得られない徒労感や多忙感が，教師を精神的・肉体的に追い詰めている。子どもをめぐる問題が複雑化し，教職の高度化が求められる今だからこそ，教師が教育活動に専念でき，その専門的成長が支えられる環境づくり（条件整備）が急務である。

3. 教師による教師の成長のための実践研究

（1）日本における教師の実践研究の重層性と多面性

すでに述べたように，教師の力量を磨くには，授業の構想・実施・省察の全

表1-1　教師のライフコースの平均的なステップ

初任期①（入職後約５年間）
・リアリティ・ショック（入職前に抱いていた教師と児童・生徒関係についてのイメージと現実とのギャップによるショック）を受け，そのショックをかかえながらも無我夢中で試行錯誤の実践に取り組む。 ・自分の被教育体験によって無意識的に形成されたモデルにもとづいて実践しがち。 ・「教師にとってはじめの３年間がその後の教職生活を左右する」とも言われるように，教師の仕事のイメージを育む大事な時期であり，試行錯誤や困難が，子どもや教育への深い見方を育てうる。
初任期②（入職後およそ５年～10年）
・新任時代の荒波を乗り切って，小学校では６年間，中・高なら３年間，入学から卒業までの生活をともに過ごすことで，子どもたちの様子が見えてくる。教師にもいくぶん気持ちの余裕が生まれる。 ・当初は「子どもが好き」という思いだけで教職に向かった教師たちも，もう少し確かなものを得たいと思うようになってくる。より大きな社会的文脈の中で自分自身の仕事の意味を確認し，教育実践を確かなものにしたいという思いがわきあがってくる。研究会に参加するなどして，教育実践の工夫に力を注ぐようになる。 ・自分が取り組んでいきたい実践課題を自覚し，これから自分はどのような教師として教職生活を過ごしていくべきか考えるようになる。
中堅期（30歳代～40歳代前半）
・15年から20年ほど経つと，教師としての自己が育ち一通りの仕事を身につける。職業的社会化（その職業で必要とされる技能やふるまいを習得すること）を終え，一人前の教師になっていく。 ・男性教師は，比較的早い段階から校務分掌などの役割を担い，先輩教師や管理職教師などとも公的な関係を築きながら教師としての発達と力量形成を遂げていく。30歳代中頃から学年・研修の主任職などを担うようになり，学年・学校全体や教員集団のことに目を向けざるを得なくなるなど，役割変化が教職生活上の危機を生む場合もある。 ・女性教師の多くは，20歳代後半から結婚・出産・育児・家事といった人生上の出来事に直面し，その経験を通して教師としての発達と力量形成を遂げていく。一方で，家庭生活上の負担が重くのしかかり，離職の危機が生じる場合もある。 ・社会の変動による子どもたちをめぐる環境の変化，加齢による子どもたちとの世代ギャップ，経験を重ねることによる教師としての役割の硬直化などによって，中年期に危機が生じることがある。
指導職・管理職期（40歳代半ばあたりから，指導主事や教頭・校長などに就くことを契機に）
・教育という営みを捉える視野を拡大させるとともに，学校づくりという新しい教育実践を創造していく可能性をもたらす。 ・学級という自らの実践のフィールドを喪失し，教育実践家からの離脱化（それまで育んできた教職アイデンティティの切断）を余儀なくされるために，戸惑いも大きく，年齢からくる体力や健康の不安，職場内に気軽に相談できる相手がいなくなる孤独感などが生じ，離職の危機を迎えやすい。

出典：山﨑準二「教師のライフコースと発達・力量形成の姿」山﨑準二・榊原禎宏・辻野けんま『「考える教師」―省察，創造，実践する教師―』学文社，2012年，ならびに，高井良健一「生涯を教師として生きる」秋田喜代美・佐藤学編『新しい時代の教職入門』有斐閣，2006年をもとに筆者が図表化。

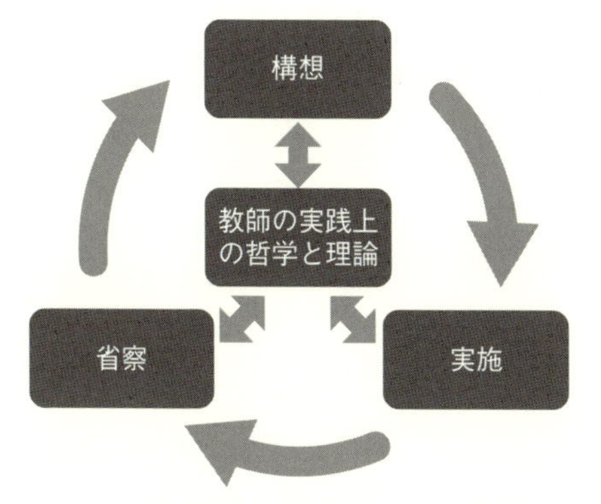

図1-1　教師の実践研究としての授業研究のサイクル（筆者作成）

過程（授業研究のサイクル：図1-1）を，教師自身による実践的研究として遂行していくことが重要である。授業研究のサイクルは，教師の哲学（理想とする子ども，授業，学校の姿，および，それを根拠づける思想）によって発展の方向性が規定される。また，教師が理論的学習や実践的経験を通して構築してきた教科内容，学習者，授業展開や学級経営の方法などに関する「実践の中の理論」（暗黙知の部分と形式知の部分から成る）によって，それぞれのフェーズでの判断の妥当性が規定される。逆に，教育活動の構想・実施・省察のサイクルの中で，教師の実践上の哲学と理論は再構成されていく。

教育活動の構想・実施・省察のサイクルが，教師の実践的研究のサイクルとなるかどうかは，それを通して教師の哲学，理論，技能の洗練や再構成（教師としての学びと成長）が促されるかどうかにかかっている。その際，特に「省察（reflection）」のフェーズが，シングル・ループ学習として展開されるか，ダブル・ループ学習として展開されるかが重要となる[3)]。たとえば，サーモスタットは，温度が高すぎたり低すぎたりすると，それを感知して設定した温度に調節する。これがシングル・ループ学習である。これに対して，設定温度自体が本当に適切なのか，さらに，快適さと節電のどちらを優先するかという前提価値をも問い，作動プログラムや基本方針自体を見直すのが，ダブル・ループ学習である。省察が，授業での子どもの学習の評価や次の授業での改善の手立てに関する議論（問題解決：シングル・ループ学習）にとどまることなく，目標や評価の妥当性自体も検討対象とし，教育活動の構想・実施のあり方や子どもの学習過程に関する理解をも深める議論（知識創造：ダブル・ループ学習）となることが重要なのである。そして，そうした知識創造を促す上で，構想・実施・省察のサイクルを他者とともに共同的な営みとして遂行していくことが有効であり，日本の授業研究が諸外国から注目されるポイントもそこにある。

日本においては，日々の実践の中での教師個々人のインフォーマルな学びに加えて，下記のような教師の学びの場が重層的に存在している。①教育委員会や大学における講習や研修（教師たちは理論や教育方法についての講義やワークショップを受ける），②民間教育研究団体や研究サークルなど，学校外での自主的な研究会（実践報告や実践記録を持ち寄り交流し，共同で批評し合う），③教師の授業研究を中心とした校内研修（授業を学校内や学校外に公開し事前・事後の検討会を行う）。①は主に知識や手法の獲得を目的とする。②③は主に実践交流，実践の省察，実践的な理論や方法の共同創出を目的とする。

近年の授業研究においては，「実践の中の理論」の意識化と再構成を促すものとして，校内研修，特に事前よりも事後の検討会から学ぶこと（事例研究）が重要だとされてきた。事後検討会においては，知識創造につながるような省察がめざされねばならないが，授業者の授業観，学習観，子ども観の再構成にも至るような，ダブル・ループの省察は，簡単には生じない。そういう省察が起こる可能性を高める上では，事例研究の日常化が重要である。そしてそのためには，事前準備に力を入れすぎず，子どもの学びや教室での出来事の解釈を目的とした，リラックスした雰囲気での対話の機会を積み重ねていくことが有効である。それに加えて，研究授業や教育委員会主催の研修のように，よりフォーマルな事例研究の場においては，詳細な授業記録などをもとに，あるいはカード構造化法[4)]（授業を実施したり観察したりして，問題と思ったことや気になったことを，1つの事柄につき1枚のカードで自由に思いつくかぎり記述する。→カードの束を2つのグループに分類し，各々についてさらに2つのグループに分類するという作業をくり返す。→分類されたカードのグループにラベリングし，構造図を作成する。→ラベル同士のつながりを線で示したり，グルーピングの理由や気づきをメモしたりする）のようなリフレクション・ツールを用いたりして，自らが授業や授業観察で何に注目しているかを可視化し，自らの授業の見方について自覚化や気づきを促す特別な機会をもつことも有効だろう。

他方，教科内容理解を深めたり，指導技術を高めたりするためには，ストップモーション方式[5)]（授業のビデオ記録を一時停止して個々の場面について，「なぜあの場面でこういう行動を取ったのか」「あのとき子どもたちの学びについて何を見ていたのか」

といった点を問うことで，行動の背景にある授業者の意図や判断過程を検討する）なども活用しつつ，事前準備にも力を入れ教材研究や子どもへの介入の妥当性を緻密に検討する事例研究も有効である。特に，経験の浅い教師には，授業の組み立て方や子どもの見方を学び，自分なりの授業スタイルを確立していくために，緻密な教材研究や授業の過程をていねいに振り返る機会が重要だろう。

（2）授業デザインに関わる実践研究の方法論

上記のようなさまざまな事例研究の方法の提案は，校内研修のイベント化や形骸化を克服しようとした現場の教師たちの主体的な取り組みの蓄積を基礎にしていた。たとえば，伊藤功一は，学校としての統一方式の提案を目的とする仮説・検証型の校内研修ではなく，各教師が「自分の授業」を創造し，それをより質の高いものにしていくことが校内研修の目的だと主張した[6]。伊藤の提案する校内研修において，「自分の授業」を創造する前提として，教材解釈の重要性が提起され，しかもその際，「授業を想定した教材解釈」に先立って，「自分自身の教材解釈」が位置づけられていることは示唆的である。

教師自身が，教える者としてではなく，一人の人間として自分自身の教養や考え方を豊かにしていく，いわば学習者としての教師の成長の機会として，教材研究を位置づける視点が見て取れる。この点を定式化したのは斎藤であり，彼が校長を務めた群馬県島小学校の指導案では，目標（展開の角度）の明確化に先立って，教師の主体的な教材解釈が要求されている[7]。授業は技術に関わるが，根本において教師の人間的な豊かさが授業の質を規定する。そうした「授業における技術と人間」[8]という日本の教授学研究で議論されてきた主題は，授業デザインの方法論のレベルで具体化されていたのである。

授業や教材研究の前提として，どうしてもこれは子どもたちに伝えたい，つかませたい，教えたいというものを，そもそも教師はもてているだろうか。たとえば，物語文の主題や作品としての価値をどう考えているのか。「関数」とは何で，それを学ぶことにどんな意味があるのか。子どもの学習に先立ってこれらの問いに教師自身が向き合い，教師が一人の学び手として納得のゆくまで教材をかみ砕き学び深める経験も重要なのである。

また，日本の学校で作成される指導案では，教師と子どもとの相互作用（特に教師の働きかけに対する子どもの発言や行動や思考の予想，さらにはそれに対する教師の切り返しのパターン）が詳細に記述される[9)]。加えて，そうしたコミュニケーションや思考のプロセスを可視化し整理する板書の計画も記述される。日本の教師たちは，授業での思考の練り上げのプロセスを板書によって可視化することを重視してきた。1時間の授業のおわりに，その授業の学習の足跡を残した板書をもとに，その時間での子どもたちの思考過程と授業の結論を確認することで，また，そうした板書のポイントを子どもたちがノートに残すことを適切に指導することで，クラス全体で深めた思考を，子どもたち一人ひとりの中に内面化させていくことができるのである。より学習者主体の授業においては，板書のない授業も実施しうるし，教具の中心は，グループごとの思考を集約するホワイトボードとワークシートになるだろうが，日本における板書とノート指導の技術の発展は，1時間の授業をドラマとして捉え，1時間1時間の授業を単位にした内容の習得や理解の深まりを重視する，日本の授業文化をよく表している。

さらに，日本の指導案では，その授業で特に教師が注意を払いたい数名の子ども（抽出児）の学習や生活の状態も記載されることがある。特に，「社会科の初志をつらぬく会」の一部の教師たちは，「カルテと座席表」という形で，一人ひとりの子どもについて，単元のトピックに対してどのように思考を進めてきて，その授業でそれぞれの子どもがどのように思考したり発言したりすることが予想されるか，そして，実際にどのような思考や発言があったかを，座席表に細かく記述する実践を進めてきた[10)]。そこまで厳密でなくても，多くの教師は，子どもたちの帰った教室で，座席表を眺めながら，一日の子どもたちの姿を一人ひとり振り返り，その日どんな姿だったか思い出せない子がいることに気づいたりして，一人ひとりの子どもを捉える目を鍛えてきたことだろう。クラス集団全体だけでなく，子どもたち一人ひとりについての豊かな子ども理解が，練り上げのある創造的な一斉授業を可能にしてきたのである。

1990年代になり，「教える」ことよりも「学び」を支援することが重視されるようになる中で，事前準備よりも事後の検討会が，しかも教師の指導技術よりも子どもの学びに焦点化した検討会が強調されるようになる一方で，授業を緻密に計画し詳細な指導案を書くことは，授業の定型化や形式化と結びつくものとして捉えられがちであった。しかし，授業を構想することは，指導案の項目を埋めることとは異なる。授業を構想するとは，言語化しにくいものも含め，子どもたちや教師の具体的な動きをイメージすることである。ゆえに，事前の準備や計画の検討は，指導案の形式を整えることではなく，授業のイメージを問い，構想を練るための書く活動として遂行されねばならない。実際，ここまでで紹介してきたように，1990年代以前には，授業を管理し画一化するものとしてではなく，授業を構想することの本来的なプロセスに沿って，書けば書くほど教師の授業デザインの力を高めるような上達論のある指導案の形式や事前協議の方法も模索されていたのである。

（3）知識創造につながる事後検討会に向けて

最後に，知識創造をめざして日常的な事後検討会を実施する上での留意点をまとめておこう。日常的な事後検討会においては，授業を見られる立場の弱さを自覚しつつ，授業者が公開してためになったと思える検討会にしていくことが重要である。そして，参加者が対等な立場で対象に向かい合う研究的な関係を構築し，事実に即した検討会にしていく上で，子どもの学習を話題の中心とすることは有効である。教え方から議論しはじめると，事後検討会は授業の論評会となり，授業者が責められる構図となるし，授業観や授業スタイルの違いをぶつけ合うだけになる危険性もある。また，教材解釈の妥当性から議論しはじめると，教科の壁で全員参加が難しくなるし，そもそもそれは授業するまでもなく事前でもできた議論になる傾向がある。子どもの学習や授業の実際から話を始めることで，直接問題だと指摘しなくても，事実が指導上の問題点に気づかせてくれるし，事実をくぐることで，事後検討会だからこそできる教材研究（子どもの学習過程に即した教材解釈の妥当性の検討）が可能になるのである。

ただし，子ども研究から出発しながらも，教師の教材解釈や授業中の指導との関連でそれを検討する視点をもたなければ，教授・学習過程である授業を研究したことにはならない。子どもの学習から教師側の働きかけにさかのぼる，あるいは，子どもの学習の事実と教材の本質を確認した上で，教授方法の議論に進む（事前の構想と同じ順序）など，子ども，教科内容，指導技術の３つの話題の配列と時間配分を工夫することが求められる。時にはグループ活動も取り入れながら，能動的な活動や交流の仕掛けを組み込んだワークショップとして事後検討会を組織していくことも有効である。

以上のように事例研究を通じて，１つの授業の出来事の意味を深く解読する一方で，その事実から一般化・言語化を図り共有可能な知を創出する契機を埋め込むことも重要である。事後検討会の中に，ベテラン教師や研究者が軸となって，あるいは，参加者全員で，事例から何が一般化できるかを考える時間を組み込んだり，「研究だより」のような形で，知の一般化・言語化・共有化を図ったりする工夫も考えられる。これにより，教師の授業研究において，教育実践を語り意味づける自分たちの言葉と論理（現場の教育学）が構築される。

そうした「現場の教育学」は，研究者などが生み出す系統化・構造化された理論を学んでいる程度によってその質が規定される。たとえば，大学での学びの中で，教育学や人文・社会科学の古典を読むことは，自らの実践を意味づける概念や構造を鍛えることにつながるとともに，実践で迷ったときに立ち戻り，自分がぶれていないかを確かめる思想上の羅針盤を形成することにつながるだろう。こうして，良質かつ硬質の理論を核として形成された「現場の教育学」こそが，表面的な改革に左右されない，専門職としての教師の自律的で手堅い実践の基盤となるのである。

ここまでの論述をふまえつつ，日常的な事後検討会のあり方を見直す視点を表１-２にまとめておこう。日常的な事後検討会は，それを継続させていくためにも，その会での経験自体が，参加者にとって有意義感のあるものであるかどうかがまず問われる必要がある。有意義感には，学びの深さのみならず，自由で民主的な雰囲気で同僚とつながることができたか，会に主体的に参加できたという意識がもてたかといった点も含まれる。そして，議論の質については，コミュニケーション自体が意見のつながる創発的なものであったかどうかということ，そして，明日の授業のヒントが得られたかどうかという地平を超えて，授業の構造的な理解，あるいは，見方の変革につながりうる方向で議論がなさ

表1-2　日常的な事後検討会のあり方を見直す視点

●検討会（プロセス）自体の有意義感（学んだ感，つながり感，参加できた感）：
・立場の上下や専門性の有無にとらわれない民主的な関係性が構築されているか？
・参加者全員が自由に発言し，参加意識や議論に貢献できている感覚がもてているか？
・議論に活気があり，出された意見がつながり，新しい意見や発見が生まれるような，創発的なコミュニケーションが成立しているか？
・参加者が，明日の授業改善へのヒントを得られるものになっているか？
・子どもや教室の断片的な事実の交流を超えて，教授・学習過程の構造的な理解につながっているか？
・ダブル・ループの省察（枠組みの再構成によるアンラーン），暗黙知の形式知化につながっているか？
●教師の一人ひとりの成長や学校改善（成果）につなげる工夫：
校内研修を繰り返す中で，
・教師個々人の学びが深まり，成長が促されているか？
・教師集団の共同的な知識（知恵や理論）の構築・共有がなされていっているか？
・同僚性や研究する協働文化の創出につながっているか？

出典：石井英真「授業の構想力を高める教師の実践研究の方法論」『教育方法の探究』第19号，2016年。

れていたかどうかがポイントとなる。

そうして1回1回の検討会を経験として充実させるとともに，それを確かに教師の成長や学校改善につなげていくためには，システム化がなされねばならない。その際には，教師一人ひとりの研究マインドを触発し，成長に向けて学びを蓄積していくことだけでなく，学校としての集合的な知を蓄積する組織学習の一環として，また，同僚性や協働文化の創出という学校経営の核として，それは位置づけられねばならないのである。

〔参考文献〕

1）佐藤学『教育の方法』左右社，2010年，柴田義松『現代の教授学』明治図書，1967年，ならびに吉本均『授業の構想力』明治図書，1983年などを参照。
2）生田久美子・北村勝朗編『わざ言語』慶應義塾大学出版会，2011年を参照。
3）C. Argyris and D. A. Schön, *Theory in Practice*, Jossey-Bass, 1974.
4）藤岡完治『関わることへの意志』国土社，2000年。
5）藤岡信勝『ストップモーション方式による授業研究の方法』学事出版，1991年。
6）伊藤功一『校内研修――教師が変わる授業が変わる』国土社，1990年。
7）斎藤喜博『授業の展開』国土社，1964年を参照。
8）斎藤喜博『教育学のすすめ』筑摩書房，1969年，ならびに稲垣忠彦『授業における技術と人間』国土社，1974年などを参照。
9）吉本均『続授業成立入門――「呼びかける」指導案の構想』明治図書，1988年などを参照。
10）上田薫・静岡市立安東小学校『安東小発　個を見つめる授業』明治図書，1999年などを参照。

コラム1

授業観察の方法と授業を見る視点

京都大学大学院教育学研究科大学院生　大貫 守

授業観察の方法

授業観察の基礎は，現場で授業を観察し，そこでの事実や気づきをメモとして直後に細部まで思い出せる程度に記述することにある。これは，授業のすべてを仔細に，そして正確に記すことではない。メモを基盤に記憶やビデオ等を補うことで，授業検討会などで目的に照らして授業を分析や省察できるように視点をある程度明確にして必要な情報を記録することを指す。では，実際にメモとして何をどのように残せばよいのだろうか。

授業観察では，授業の流れに沿いながら授業者の発問・指示，子どもの発想や発言を中心に，板書や配布資料，子どもと教師のやりとりや印象に残った点や疑問点などを適宜記録しておくとよい。その際には，授業の形態や意図や目的に応じて記録する内容を重点化することが有効である。たとえば，児童の意見の練り上げに着目するならば，彼らの発言のやりとりを正確に記述するとともに，発言の状況や，お互いの発言を関係づけることも大切である。

授業後には，メモや授業記録や指導案，児童の作品等を用いて授業検討会を実施するとよいだろう。ここでは，メモを中心に自らの気づきを授業者や同僚の先生と分かち合い，授業の中で着目した子どもの発想やつまずきを共有する。加えて，時間の使い方や指導過程・教材の有効性など授業づくりのポイントに即して共同で振り返り，授業づくりの力量や鑑識眼を鍛える。

授業を見る視点

授業を記録する際には，授業の形態を意識する必要がある。授業の形態には，おおよそ①一斉学習，②探究型学習，③実技型学習の３つがある。①は，国語や算数などの授業者が発問や指示，説明を行い，子どもが考え，発言する授

表1●活動に応じた記録の残し方の工夫

	方法	長所	短所
授業者追跡型	授業者を追い，授業者が見ているものを記録する。	授業者の状況判断や指導の実際を捉えられる。	一部の子どもたちの様子しか捉えられない。
定点観察型	特定の小集団や子ども（複数も可）を決めて記録する。	集団が同質の場合や鍵となる対象がある場合に効果的な実態把握につながる。	一部の子どもたちの様子しか捉えられない。
巡回型	教室を巡回しながら，（観察の）対象を変え，少しずつ記録する。	授業者の動きと無関係に教室の活動や雰囲気を捉えられる。	授業者や子どもたちの行動の意図を捉えにくい。

出典：二杉孝司他『授業分析の基礎技術』学事出版，2002年をもとに筆者作成。

業を指す。②は，子どもが個人･小集団で行う問題解決学習や調べ学習を指し，主に総合的な学習の時間や特別活動，教科の課題解決で行われる。③は，音楽や体育といった表現や行動，作品作りが中心となるものを指す。

①では，発問を通した授業者と子どものやりとりが中心となる。そこで，この過程を分析できるように，いつ，誰がどう行動し，教室がどんな様子であったのかをメモに残す必要がある。たとえば，授業者がどんな言葉や資料を用いて発問や指示をしたのか，それに対する子どもの反応や，教室の雰囲気，授業者が子どもの反応をどう受け止めたのかを記録する。

②では，子どもの探究過程とそれに対する授業者の支援を追うことが中心になる。しかし，②では個々の子どもが主体的に活動するためすべての動きを見ることは不可能である。そこで，目的に応じて記録する方法を工夫する必要がある。工夫としては，**表1**の3つがあり，各々の長所や短所を意識し，目的に応じて使い分ける必要がある。たとえば，探究型学習における特定の子どもの思考過程を連続的に追うならば定点観察型を用いることができる。

③では，表現や作品を通した指示や非言語系の行動が中心となる。そこで，この過程が見えるようにメモに加え，ビデオ等を使用すると授業をつかみやすくなる。その際に，とび箱の授業の際に教師の働きかけを残すのであれば教師の行動を中心に撮影し，着地を分析するならばとび箱から着地点が残るように記録する。このように目的や形態に応じて記録の残し方を工夫すると，授業の取り組みの成果や課題を認識しやすくなる。また授業者と観察者が知恵を出し合い，省察することで，よりよい実践の創造へとつながるだろう。

第2章

校内研修をベースにした
研究するコミュニティの構築

1 教えと学びについての理解を深める校内研修

大阪樟蔭女子大学　大杉 稔

1. はじめに

教師の仕事は多忙を極める。それでも，その中核は授業でなければならない。「いちばん大事なのは」ではない。あくまで「中核は」である。なぜなら，多忙の原因となっている「学力向上」への取り組み，児童の「問題行動」への対応，保護者対応等々，それらすべてが，質の高い豊かな授業の実現によって改善・解決するからだ。

学級集団を十分に育ててからでないと，まともな授業はできない。そう考える教師は多いようだが，それも違う。むしろ，学級集団が育たないような授業は，まともな授業ではないと認識すべきだ。

国語科なら物語文の表現，理科なら発芽したばかりの種子，体育科ならハードル走……。それら学びの対象を見つめる子どもの気づきや感じ方，対象に寄せる思いはそれぞれ違うはず。それらをできるだけ多く，深く引き出し，活かす授業を展開すれば，互いの個性を認め合う温かで賢い集団が育つ。授業は，学級経営の要であり，人権教育であり，平和教育なのである。

教師の仕事は多忙ではある。だから，教材研究すら十分にできないという声も聞く。しかし，それでは，現状を打破することはできない。確かに，初めは手間暇がかかる。しかし，授業力が向上し，子どもが生き生きと活動できるようになれば，すべてが好転する。教師自身も，授業中に子どもの目が輝く場面が増えれば，日頃の疲れも吹き飛ぶであろう。

校内研修の中心となるものは授業研究である。この授業研究は，他の学校教育の営みとウエイトを比較されるべき性質のものではない。授業研究を推進することで，学校文化全体が高まることを全教職員が理解しなければならない（図

2-1-1)。「授業が変われば，学校が変わる」。研究主任は，そのことを心の底から信じられる人間であってほしい。

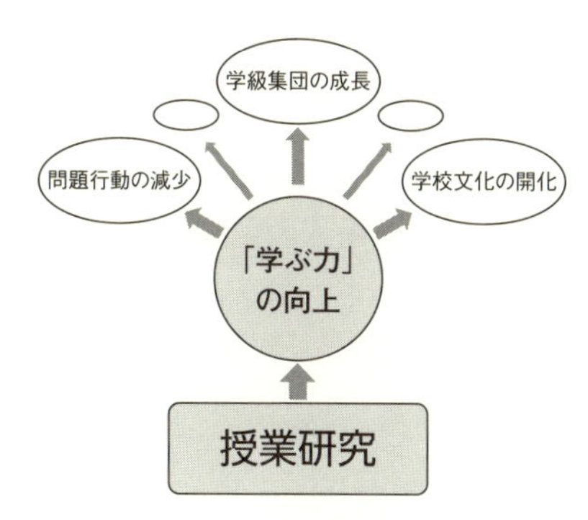

図2-1-1 授業研究の効果

ここで，本節のテーマである「教え」と「学び」の関係について整理しておこう。この両者はニワトリとタマゴの問答にあらず。明らかに「学び」が先である。人は，胎児の時代からすでに自発的な学びを始めている。発達した聴覚によって周囲の音を聞き，また歩行につながる練習もしている。出生後も，母親の顔や声を判別し，笑顔でコミュニケーションを取り，独自の方法で最初の移動手段であるハイハイを確立していく。

同様に，小学校に入学したばかりの児童も「教えてもらわないと何もできない」ような弱い存在では決してない。幼児期の主体的な遊びを通して鍛えられた観察眼と思考力，また，話しことばを自在に操ることで手に入れた人間関係の調整力等，6歳を迎えるまでに獲得した数々の能力には侮れないものがある。彼らは，新しい知を求めて，また，未だ経験したことのない技能を身につけることを楽しみに，学校に通ってくるのである。

「教え」は，子どもの「学び」の前で，傲慢であってはならない。けれども，消極的であってもいけない。子どもが学ぼうとする対象と印象深く出合わせる。素朴な気づきを整理して知の体系の上に位置づける。数々の個性を引き出し通い合わせて学びを確かで豊かなものに高める――「教え」とは，このように貴い営みなのである。

そうした意味において，授業研究は，「指導法の研究」である前に，「子ども研究」であらねばならない。それは，子どもの学び方を知る，学ぶ力を知るということである。その具体的な方途については，本節第3項にて紹介する。

2. 学校の概要と校内研修の理念

筆者は，授業研究の魅力や学校改革の大きな可能性に惹かれ，教職34年の間に，初任の小学校を除くすべての勤務校で研究主任を務めた。

本項で紹介するのは，その近年3校における授業研究の足跡である（表2-1-1）。いずれも琵琶湖の西岸，滋賀県高島市にある学年2～3学級の中規模校である。田園風景の広がる住宅地に立地していることも共通している。家庭に不安要素を抱える児童もおり，一部に心の荒れも見られるものの，学校全体としては穏やかで，子どもらしい活気を見せる集団を形成している。以下，新旭北小学校（S小と略称）における3年間の実践を中心に述べる。

先に述べたように，授業研究（校内研究）は学校経営の要である。したがって，学校長が年度当初に示す「学校経営管理計画」においても，それは全体構想の中心に位置づけられていることが望ましい。

表2-1-1　3小学校の研究主題

学校名	研究主題	研究期間
今津東小学校（I小）	ことばは子どもを変える Ⅰ・Ⅱ・Ⅲ	2004年4月 ～2007年3月
新旭北小学校（S小）	学びの変容を自覚する Ⅰ・Ⅱ・Ⅲ	2009年4月 ～2012年3月
安曇小学校　（A小）	「ことば化」する学び Ⅰ・Ⅱ	2014年4月 ～2016年3月

右ページに掲げるのは，S小における2011（平成23）年度の『本年度の重点目標と具体的方策』である。9等分された内容の中心に「校内研究」が配置されている。太い5本の矢印は，授業研究の他領域への波及効果を表している。

これを提案した三田村治夫校長（当時）は，「授業が充実すれば，生徒指導上の問題などは出てこないはずだ」と常々語っていた。学校教育法上，校長には直接児童を教育する義務はないが，在任3年間にわたり，週1コマ，特別支援学級の授業を担当し，指導案を書いて授業公開も行った。まさしく率先垂範の姿であった。

さて，表2-1-1からわかるように，3校の取り組みには，「ことば」に視点を定めた研究が多い。これは，まず筆者自身が，学習が深まるためには子どもの「ことば」が確かに，豊かになることが必要不可欠だと考えていたことによる。

研究主任が自信をもってリードできる方向に研究の舵を切ることは一つの理想ではある。しかし，根拠もなくそれをダイレクトに掲げることはできない。児童の実態を確認し，教員の理解と賛同を得る必要がある。

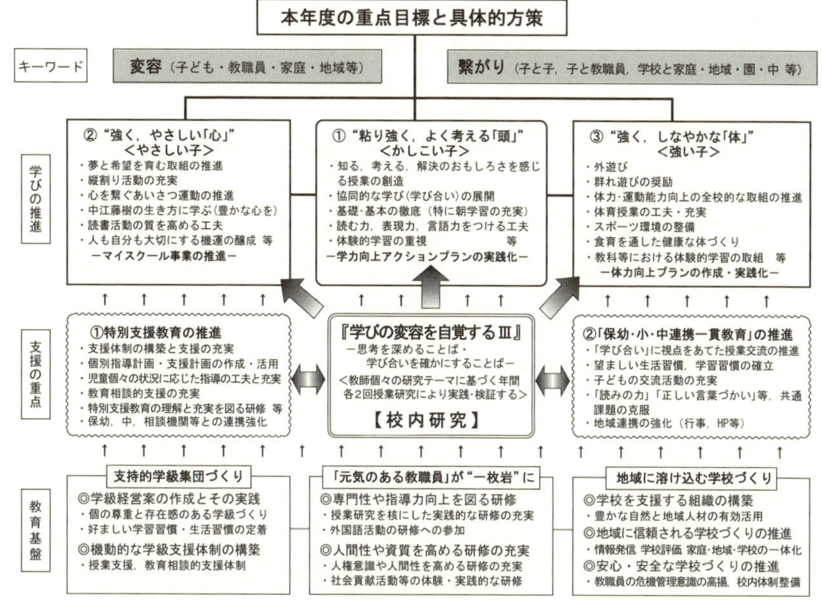

図2-1-2　学校経営管理全体計画（新旭北小学校／2011年度）

たとえば，S小の主題名には「ことば」の文字はないものの，サブテーマは**表2-1-2**のとおり推移している。授業場面における個と集団，個と個の関係性を明らかにするうちに，最後には「ことば」への着目に至った道筋がよく見えるであろう。

研究主任に求められる能力の一つは，2～3年のスパンで研究を見通す構想力である。日々の授業研究の実践の中から，実践者個々の良さとして互いに学び合えばよいものと，主題に直結する汎用性のある発見・手法として整理・共有し，次年度研究への足がかりとなるものとを分けていく必要がある。同僚たちが「今日の実践」に一喜一憂しているときにも，研究主任は1年後，2年後を見通しつつ，研究を整理していくことが必要である。もちろん軌道修正も行いながら。

表2-1-2　S小の校内研究サブテーマの変遷

年次	サブテーマ
第Ⅰ年次(2009年度)	個と集団を育む授業づくり
第Ⅱ年次(2010年度)	個と個が働きかけて思考を深める学習
第Ⅲ年次(2011年度)	思考を深めることば・学び合いを確かにすることば

3. 校内研修のシステムの手順

図２-１-３は，Ｓ小における年間研修計画（「授業研究カレンダー」）である。以下，この図をもとに，効果的な授業研究のシステム例について紹介する。

（1）年間１人「２回授業」で“日常”を変える

教員全員が年間２回の研究授業を行う。自分が決めた教科・領域で実践を繰り返すことで，子どもの学習力の伸びが確認しやすくなる。それは同時に，教師の授業力の変容でもある。若手の教員は，１回目で「失敗」しても「リベンジできる」という感覚で臨むようだ。もちろんベテラン勢も，２回目でより高めるべく工夫や努力を惜しまない。人間には成長欲求というものが備わっているのである。

授業を２度行う代わりに，指導案はシンプルにする。Ａ４判２枚（学習のねらい・指導計画等で１枚，本時案１枚），他に教材等で１枚，発言記録のための大きな座席表を１枚付けても，配付するのはＡ３判二つ折りで済む。長く詳しく書くよりも，学習指導のねらいを明確にすっきりと表現することを大事にする。

この「２回授業」には，授業改善をめざす教師の意識に関わって，決定的な良さがある。それは，１回だと「点」にすぎないが，２回だと「線」になるということである。春（夏）と秋（冬）に２度，研究授業があることで，その

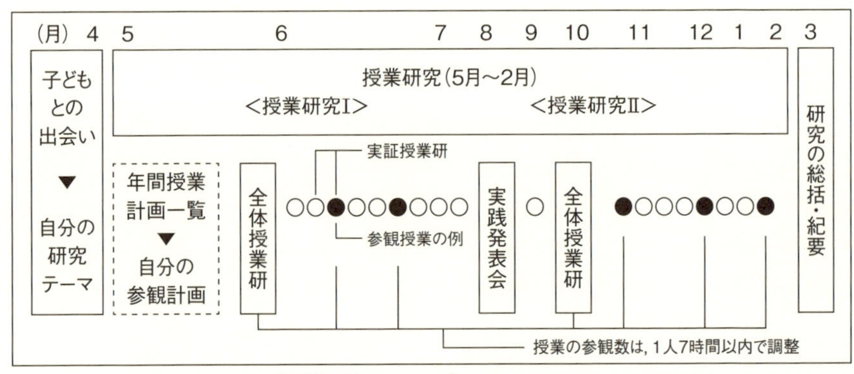

図２-１-３　授業研究カレンダー（新旭北小学校 / 2011 年度）

間も意識が切れることがないという意味である。つまり，日常の授業が変わる。

全員が授業を見る「全体授業研」は，研究の方向性を確認するため春に1～2回，また，夏季の実践発表や課題の集約を経て，研究の精度を上げるために秋に2回程度行うだけである。残りはすべて，特支・低・中・高学年部等のメンバーを中心に4～6名が参加する「実証授業研（図2-1-3の●○）」となる。「実証授業研」は子ども観察をベースに指導法の改善につながる発想を得ることが最大の目的である。これら2種の研究会を組み合わせることで，無理なく研修の質が高まっていく。

なお，「全体授業研」「実証授業研」ともに，「事前研－研究授業－事後研（リフレクション）」の構造をもつ。このうち「事前研」は，授業者本人の強い希望があったときのみ実施する。これを必須にすれば，時間的な負担が大きくなる上，子どもの学びの事実にもとづかない指導法の交流に陥る危険性が高いからである。また，若手の素朴なアイデアが，先輩教員の経験則によって，挑戦する前から崩されてしまうことが少なくないからである。

研修の目的は，各々が「育つ」ことであって，「うまくいく」ことではない。

（2）「学び」をよく観察し，「教え」に活かす

従来の授業研の多くは，授業者の指導力にかかる「批評」の会であった。学ぶ主体である肝心の子どもの姿は，粗い印象でしか語られないことが多かった。これを改め，参観時には徹底した「子ども観察」を行い，注目する個人や小集団の発言・つぶやきはもちろん，表情や手の動きに至るまで細かに記録する。そして，事後研では，まず，その「子どもの学びの事実」を出し合う。

事後研は30分間（全体授業研の場合は45分）で行われる。これは，リフレクション機能を保つことのできる最低限の時間である。事後研は，図2-1-4に示すとおり3つの内容で構成されるが，中でも「子どもの学び」を「教師の役割」の吟味へとつなぐ「教科の本質」

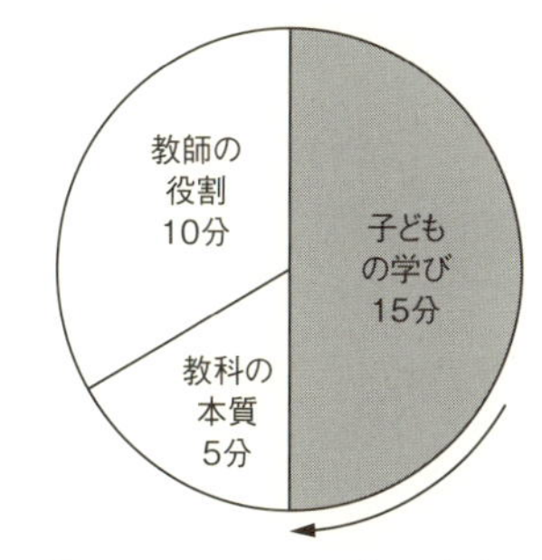

図2-1-4　30分研究会

にふれる５分間は重要である。ここでは司会が，子どもの学びの事実から学ぶべきことを，本時のねらいや教科らしい学び方に関わって整理する。ねらいに対して不十分であった姿，本時の意図とはズレているものの教科の特性にはよく沿っている姿等々，ていねいに仕分けをすることで，「教え（子どもの実態に合った指導法）」が明らかになり，次に活きる質の高いリフレクションになる。

参加するメンバーは，授業者・校長（教頭）・研究主任・授業者の所属する部会の参観者１～３名であり，少人数で集中して議論する。

子どもの学びを詳しく観察すると，毎時間新しい発見があるものだ。たとえば，「１年生は，他者の発言を聞きながら，自分の書き込みを修正することができる（国語科・2010年）」「６年生は，プレーを再生しながらチームに必要な動きをつくり出すことができる（体育科・2011年）」等々。これまで教師が，そこまではできないだろうと思い込んでいた「常識」が，次々に覆されていく。

あらゆる先入観を捨て，純粋にその学びの営みに目を凝らす。子どもはこんな力があって，このように学ぼうとしている。だから，授業者はこうすべきではないだろうか——そんな流れで検討できる教員集団を育てる。

4. 校内研修での学びの実際

(1)「教え」をデザインするために——子ども観察とリフレクション

先に述べたように，子ども観察は授業研究のベースである。学びの事実をよく見聞きして記録を取ればよいのだが，これが，簡単なようで初めのうちは，なかなか難しい。目の前の子どもが少しでもつまずきを見せると放っておけず，観察者であるはずの教員が子どもに直接働きかけてしまうことがよくある。

これはまったく愚かなことである。その子は何につまずいているのか，この後どのように克服していくのか，もしあきらめてしまうのならば，環境として足りなかったものは何か，そうしたことに関心をもって静かに見守るべきである。

授業とは，教師１人と子ども30人で紡ぐ真剣勝負の学びの場である。本来，そこに存在するはずのない無責任な第三者が介入すると，子どもの「困り感」が授業者に伝わらなくなる。「わからない」とまわりに伝えることも含む，その子の自力解決の道が閉ざされてしまう。場合によっては，あえて「わからない」状態をつくっている授業者の意図を踏みにじってしまうことにもなりかねない。春の「全体授業研」を通して，全員で共通理解を図るべきことの一つである。

参観者が決まれば，教室内の観察ブロックを割り当てる。観察者は，相談する，教え合う等，行為の関わりがあれば，その全体を，そうでない場合には，１人の子どもにターゲットを絞って観察する（授業者が注目してほしい個人やグループを指定し，観察者に依頼することもある）。

子ども観察（上）とリフレクション（下）

放課後に行うリフレクションは，原則として授業の行われた教室を会場とする。子どもたちが学んだ環境に実際に身を置いた方が具体的なシーンが蘇りやすく，また価値ある気づきにもつながりやすいからである。板書等もできる限り復元する。ことばだけではイメージしにくい場合には，写真等を確認しながら振り返ることもある。

リフレクションは，情報を共有し，その意味づけをする場でなければならない。慣れないうちは，「A児は，何度も書いたり消したりを繰り返していた」等，遠目から見た表面的な行為の事実についての報告だけで終わる。が，やがて「A児は，まず『うまがあるく』と書き，それから述語を『はしる』に変えた。それでもしっくりこないらしく，また述語を書き換えた。でも『うま』は他の動物に変わることはなく，A児は馬が好きなんだと思う」等，考察を伴ったものに変わってくる。さらに進むと，目的をもって子どもを見るようになる。「何度も書き換えているA児を見て，私は，うまく文が作れないとき子どもはどうするのか，その試行錯誤の様子を観察することにしました。すると……」などと述べ，意味づけや気づきにつながりやすい視点で情報収集を行うようになる。今日は，こんなにすごい子どもの能力を見つけたという喜びを話すようになる。若手の教員ではその成長も著しい。

司会は，こうした学びの事実を受け，教科の特性や本時のねらいに沿って整理する。その上で，「今日の授業では，『子どもは，ことばをいろいろ差し替えながら自分の表現したいことに向かっていく』という事実が明らかになりました。このことをふまえ，授業者の役割についての意見をお願いします」などと呼びかける。

すると，「主語カードと述語カードをそれぞれ作り，組み合わせを楽しむような活動はどうか」「本時は，助詞に目が向けられていなかったが，『馬は—，馬も—，馬に—，馬と—』というように，そのバリエーションを広げてあげれば，子どものイメージの世界もさらに豊かに広がるのではないか」「先生が，何度も書き直しているＡ児のことを，『ことばをていねいに見つけようとしているね』と褒めたことが国語科らしくてよかった」等々，教科の本質に根差した「教え」の議論が深まっていくのである。

教員は，それぞれ経験にもとづいた指導法を持っている。それをそのまま打ち出すのではなく，あくまで「今日の学びの事実」をもとに一から考える。良質のリフレクションの場では，若手もベテランも同じスタートラインに立っている。

（２）「２回」の変容が見えるカタチをつくる——紀要の役割

「２回授業」を中心に据えた研修の強みは，子どもの育ちを通じて，それを支えた授業者自身の変容が自覚されることである。そこで，何がどう良くなったのか理解が進むよう，春，参観した学級を秋にも参観することを原則として，教員が相互評価しやすい環境をつくる。また同時に，研修の成果を整理する場として，「紀要」の役割を最大限に活用する。それは，できるだけ早い段階から紀要にまとめることを意識して実践研究を進めるということを意味する。

ほとんどの学校が年度末に「研究紀要」を作るが，それは多くの場合，春先に研究主任が提案した数ページの文書に，各教員が行った授業の指導案を合わせて綴じただけの，記念品的な性格しかもたない「指導案綴り」でとどまっている。指導案の末尾には，数行の「成果と課題」欄が設けられるものの，振り返りに十分な量ではない。また，その「課題」にしても，（普通は，せいぜい「年間１授業」であるため）当該年度内に，その実践をもとに修正することはできない。翌年には担当学年が変わる確率が高く，さらに研究主題や強調点が変更される可能性もあり，誰のための，いつのための課題なのかすら曖昧である。

授業後の集団リフレクション（事後研）の意義については（１）で述べたが，紀要の執筆は，教員個々の，あるいは学校全体の１年間の実践研究を振り返るための書きことばによるリフレクションであると位置づけてよいだろう。

つまり，自らの学びを自覚し，今後に活きるものにするためには，指導案のままではだめだということである。何かまったく別のフレームを通すことで新しい気づきが起こるようにしなければならない。メタ的な整理が求められる。

たとえば，「用意された教材のいかなる特性が子どもたちを惹きつけたのか」を分析したり，小集団のやりとりだけに特化して「メンバー個々が話し合いの深化にどのような役割を担っているか」について洗い直したりするというように，研修として深めたいテーマに合わせて鋭く切り込む整理が必要である。授業全体を視点もなしに漠然と眺めてしまうと，明日につながる気づきには至らない。

Ａ小では，『「ことば化」

実　践　Ⅰ	かさのたんいを調べよう	７月

本時のねらいは、既存の学習をもとにかさの大小を比較し、普遍単位の必要性を理解することである。この授業では具体物を使って実際に調べることで、普遍単位の必要性が実感できるように工夫した。

形が違う２本のペットボトルを使い、「どちらが入る水の量が多いか調べたい」と物語仕立ての導入で授業を進めた。

特に意見が活発に出たのは以下の場面である。細長いペットボトルと太短いペットボトルの２本を見て、子ども達がどちらが多いのか、自分の意見を述べている。あ、い、「わからない」の三つに分け、それぞれの理由を述べたが、「大きいから。」「太いから。」という単純な答え方だけでなく、二つを重ねて（写真）「はみ出ている部分を上にすると高くなる。」「いは太いから、細くしたらあより高くなる。」等、低くてもかさが大きくなる理由を具体物を使って説明していた。

その後、実際にコップ何杯分になるかを調べ、家の人に伝えるにはどうしたら良いかを考え、普遍単位としてｄＬマスを使って調べる活動へと展開していく。

- 算数科にかかわらず、他の授業においても既存の学習をもとに新しい学習を進めるようにし、「前はこうだったからこうなる」と説明できるように繰り返し指導してきた。
- 自分の考えに「なぜかというと」等の理由の言葉を添えて言うよう指導した。また、友達の意見を聞いて、付け足しや意見がある人は「○○さんと違って」や「○○さんと似ていて」という言葉を使って発表するように指導してきた。

実　践　Ⅱ	かけ算の問題作りをしよう	１１月

本時のねらいは、かけ算の式から問題を作り、かけ算の意味を理解することである。「○ずつ△つ分」という言葉を意識させ、問題を作ることに重点を置いて指導した。

導入で二つの問題文を提示し、「どちらがかけ算の問題でしょう」と発問すると子ども達は迷わず全員が後の方に手を挙げた。「①番は一皿にのっている数が違って、②番は全部数が同じだから②番がかけ算です。」「一皿に７個のっているのが三つあるから。」「同じ数ずつのっているからかけ算です。」など、①番と②番を比べてかけ算だと思う理由を話すことができた。

本時の展開にあたる問題作りでは、前のかけ算の問題を参考にしながらお皿にのせるものを変えたり数字を変えたりして考える子どもが多くいたが、自分の力で問題を作るとなると、かけ算の式か、足し算・引き算の式かがよく分かり、また理由が説明できる子どもであっても、なかなか進めないようだった。　（福田　このみ）

資料２-１-１　安曇小学校の研究紀要
（個人実践のページの一部／2014年度）

する学び』を研究主題とし，その初年度（2014年度）には「繰り返しのある学び」をキーワードの一つとして掲げた。この年には，**資料２-１-１**に示す様式で，文と写真で子どもの姿の変容を紀要に整理することになったのだが，このレイアウトを提案したのは，研究推進委員の１人，若手教員であった。<実践Ⅰ>と<実践Ⅱ>をつなぐ矢印の部分に自分は関心があると主張したのである。<Ⅰ>から<Ⅱ>にかけて，授業者が日々どのような取り組み（＝「教え」のくり返し）をしていたのかがわかれば，今後，学習指導の大きな参考になるという考えであった。

日常が変わることこそが「２回授業」の本質であると先に述べたが，そのことを若い同人がよく理解していることに驚かされる。この指摘が示すように，後で活用したくなるような紀要のつくりをめざすのは大切なことである。

もう一例，紹介しておこう。子ども一人ひとりの変容を可視化して捉えた紀要のカタチである。

Ｉ小（2006年度）では，**図２-１-５**のように<実践Ⅰ>から<実践Ⅱ>への子どもの育ちを座標におけるドットの位置の変化で表すことを試みた。授業における子どもたちの反応や表現物をもとに，思考力を「対象を認識する力（インプット/IN）」と「他者の考えを関係づけようとする力（アウトプット/OUT）」の２方向から測り，その交点を「その子の位置」とした。最も思考力が低いゾーンであるＤであっても，その力は決してマイナスなのではなく，基準に満た

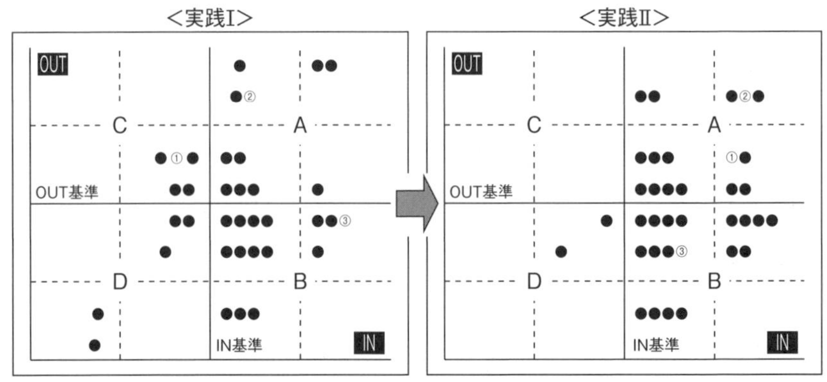

図２-１-５　今津東小学校研究紀要（2006年度）第６学年社会科における思考力の変容

ない弱い状態であることを示している。したがって，座標の原点は左下にある。

ここに示したのは，紀要に掲載された座標の例である。第6学年社会科，5月実践『奈良の大仏』から11月『戦争の終わり』にかけての，学級の子どもたち全員の思考力の変容（多くは伸び）を表している。

図中①②③の位置にある子どもは，授業者がその変容を抽出して分析した対象児である。授業者は，紀要にこの2つの座標を提示しつつ，IN・OUTにかかることばの育ちを克明に記していく。たとえば＜実践Ⅱ＞に関して，次のような記述がある。

> 普段は直感的に思ったことを発言しがちな座標①の子どもが，資料を注意深く読み，根拠を挙げながら説明した。また，友達の意見と聞き比べ，内容を補足する発言も積極的にできた。「海沿いがねらわれているということは，港があるところと考えられるし，船を造る所もあったと思います。」
> 「付け足しなんだけど，攻撃されているところには，きっと基地があったんじゃないかと思います。」　（〰〰はINの力を，——はOUTの力を表すことば）

この授業者は，座標の横軸（IN：対象を認識する力）を，歴史学習を通して子どもたちに育みたい力としてさらに絞り込み，「資料を活用してその時代の社会事象を捉える力」と定めた。また，どの子どもにも達成させたいINの基準として「資料から読み取ったことを手がかりに話すことができる」を設定した。その上で，＜実践Ⅰ＞指導後の座標を描くと，左ページのようになった。横軸（IN）の基準を満たさない者は，この時点で10名いた。中でも座標の原点近くの2名は，資料をどう見ればよいのか悩んでいるようであった。

この現実をもとに，授業者は，C・Dのゾーンにいる子どもたちを引き上げるための「教え」の構想を練った。それは，第1に資料の厳選であった。第2に，関連する既習の知識を引き出しながら資料を見ることを習慣化することであった。それらの積み重ねにより，11月の段階（座標右）では，5年時に学習した「都道府県の人口」「工業地帯の分布」，また，6年に進んでからの経験である「広島への修学旅行」で得た知識，「歴史VTRの映像」等を積極的に結びつけながら中心資料『空襲の被害状況』を読み取ろうとする子どもが多く現れたのであった。

このように，（後に＜実践Ⅱ＞の座標と比較するという）見通しをもって，授業研究が「線」でつながっていくことが理想である。紀要のカタチは，１年間の実践の質を左右すると言っても過言ではない。

5．学びを深めるポイントと研究通信

研究通信には，一般に次のような機能があると考えられる。

①近々行われる授業の連絡（興味・関心をもって参観できるように）
②実践された授業にかかる伝達（参観できない教員の参考になるように，また，リフレクションのまとめとして）
③全体研修の案内（ワークショップの企画や講師紹介等，興味をもてるように）
④日々の実践の紹介（作品等の紹介も含み，研究の日常化を図るために）
⑤研究の進捗状況の整理（明らかになったこと，まだ足りないことを伝え，意識・意欲の持続・向上を図るために）

筆者は，研究主任を務めた３校ともに，授業を「見て学ぶ」より「して学ぶ」ことにウエイトを置いた授業研究を展開した。多くの実践が集中する６月や10・11月には毎日のように研究授業が行われるのだが，当然のことながら，教員はそれらの一部しか参観することはできない。「できることなら参観したい」というニーズは若手教員を中心に多くあり，それに応えようと，特に②の機能を充実させることに努めてきた。それゆえ，研究通信には以下の特徴が生まれた。

（1）「見て学びたい」に応えるための臨場感

実際にその教室にいて授業を見ているような感覚になるように，ストーリーとして描くように書くということである。右ページにあるのは，A小の研究通信『A·ffor·d（アフォード）』である。第４学年理科の授業の様子を伝えている。

この年の研究のキーワードは，「教科の学びを支えることば」「自分の学びを見つめることば」の２つであり，それらをクロスさせることで学びが確かになる授業を追究していた。

本通信でも，該当することばがよくわかるように太字で示している。また，子ども観察の視点やリフレクションで出た話題についても紹介している。

研究だより「アフォード」　No.３６

A・ffor・d

2015・07・06

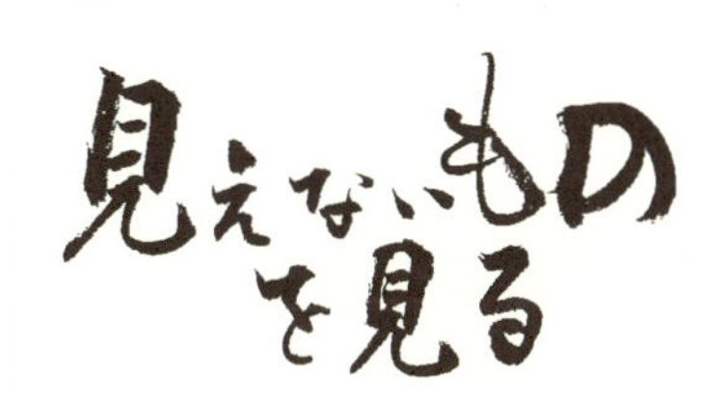

10歳の子どもは、抽象思考を働かせて未だ見ぬ世界の「仕組み」を探ろうとする。

■「見えないもの」を見ようとする思考１ ── 理科

３年生で学習した「豆電球」は、電流の向きが逆さになっても同じように点いた。しかし、4年で扱う「モーター」は違う。回転するのは同じだが、電流が逆になれば、回転する向きも反対になる。以下は、「見えない電流の見えない向き」の話である。

授業の冒頭、岡田先生は、１組の子どもたちに、先日「プロペラを回転させた結果」を尋ねた。すると、ほとんどが写真の方向(右回り)であった。先生は、これを「時計回り」と言うのだと教えた上で、逆回転になった者はいないかと訊いた。該当者は２人いた。

「同じ物を使っているのに、なぜ、回り方の違いがあるのでしょう。」と、先生が発問すると、**「電池の向き…」**というつぶやきに続いて、「**(自分たちとは逆に)赤い線をプラスにして、緑の線をマイナスにしている。**」「**＋極と－極の線をつなぐ場所が違う。**」「**電池をつないでいる向きが違う。**」── と３人が理由を語る。全員「電流の向きが反対である」ということを指摘しているのだが、こうして「具体的な回路のつなぎ方」で様々に言い換えていくことで、科学的な理解が深まるのである。良質の＜**教科の学びを支えることば**＞である。

岡田先生は、これらの予想を黒板で整理してやり、「つなぎ方を反対にしたり、電池の向きを反対にしたら、本当にプロペラは反対に回るのか調べていこう(＊)」と子どもたちを誘（いざな）った。実にいい流れだった。

この後すぐに「検流計」が登場する。子どもたちは目新しい道具に目を輝かせたが、一つモノが間に入った分、思考の回路も少々複雑になってしまった。《電流の向きが変わるとモーターの回転の向きが変わる》という思考の着地点は、教師の胸の内に留めておけばよかった。この段階では、検流計がなくとも「＊の課題」を検証することはできたはずだからである。

それでも彼らは果敢に実験に向かう。今井先生の観察によれば、時に検流計の扱いに苦戦しつつも「**あ、回った。こっち回りや。**」「**おれは時計回りや。**」「**もう調べたしな、反対も。**」等、比較を意識できていたという。(波線部は＜**自分の学びを見つめることば**＞である。)

また、島田先生の観察班では、電池の向きを逆にして本当にプロペラが逆回転になるか確かめたが、なぜか方向が変わらない。その時、A児が「**導線も逆になってしまってる。**」と指摘した。価値ある気づきだった。「失敗からも学ばせたい」という岡田先生の願いが具現化した瞬間だった。

大杉は、「**手の方に風が来た。**」というB児のことばに魅力を感じたと述べた。プロペラの回転の向きは判別しにくく、また、プロペラ側・モーター側のいずれから見るかによっても向きが変わる厄介さがある。その点、Bの気づいた「風の方向」は絶対的である。「扇風機・掃除機」といった科学の実用化(＝工学的な思考)の視点からも、豊かな学びにつながる可能性があった。

さて、最後に岡田先生は、本時明らかになったことを『電池・向き・電流』の３ワードを使ってまとめるよう指示した。彼らは、「**電池の向きを変えるだけでプロペラの回る向きも変わることがすごいと思った。**」「**電池の向きを変えることで電流の向きも変わり、プロペラの向きも変わることが分かった。**」「**電池の向きが変わるとプロペラが反対に回った。それが分かった理由は、検流計の針が逆になったからです。**」などと答えた。科学の学びにふさわしいことば化であった。

資料２-１-２　研究通信『A・ffor・d』(安曇小学校 / 2015年 / 第１面)

（2）理論と臨床をつなぐ

「教育心理学」「教育方法学」「○○科教育法」等々，教員は大学等の教職課程在学中にさまざまな専門知識を学んだはずだ。しかしながら，現場経験のない学生の立場では，幾多の検証を経て確立された貴い学説も，現実味のない，どこか遠い話として感じられたことだろう。

一方，最近では「教職大学院」設置の動きが広がりを見せている。教員として現場に立った経験をふまえ，今度こそ自ら求めて，また学ぶ意義を感じながら，いくらでも教職教養の学び直しが利く時代になった。しかしこれとて，それなりの意欲と覚悟が要る。「今なら，大学の講義もちゃんと聴けるのに」そうは思うものの，日々の業務に忙殺されて専門書を読むことすらままならない。

研究主任を任されるような教員であれば，確かで豊かな学力を保障する授業のあり方に関心が高いであろう。研修の提案をする際などに，教育書の１冊や２冊，ひもとくのではないか。

そうした機会に得られた知見を，研究通信で積極的に紹介してほしいのである。教室で起きた学びの事実（臨床）を教育学等の理論と結びつけることは決してたやすいことではないが，努力はしたい。現場である校内研修において理論が活かされないのであれば，学問の存在意義がないというものだ。

筆者は，理論も活用しながら，学びの事実を通信においてメタ化し，さらにメタ化して紀要の本論としてまとめてきた。何度も書き直して考えを整理する，煮詰めて本質に迫ると言い換えてもよい。よく研究通信をそのまま綴じた紀要を目にするが，資料として挙げるのであればともかく，そこで止まってはいけないのである。もう一段上の「○○小オリジナル理論」にまで高めてやるのが研究主任の仕事である。

Ｉ小・Ｓ小・Ａ小で発行した通信は，通算200号を超える。参考までにその中で紹介した主な研究者等を挙げておく。

〔心理学〕ピアジェ，ヴィゴツキー，河合隼雄，佐伯胖*，ジェーン・ハーリー
〔教育学〕佐藤学*，秋田喜代美，西川純*，二宮衆一*，石井英真*
〔実践家〕斎藤喜博，大村はま　（*= 校内研修の講師として招聘した研究者）

心理学の理論を紹介した通信例を，次ページに掲げておく。

■話題から逸れないで話す

「そもそも――」と、廊下側の一等後ろの席からAの声が飛んだのは、話し合い活動の終盤だった。思わず振り向く子どもたち。

「――絶対３本ずつないとあかんというわけではないから、余りの２本も答えに入れることにしました。」

と、Aは述べた。拍手が起きる。それは、この授業の参観者が一様に声をそろえる“本時、最も印象的なことば”だった。

＊　＊　＊　＊　＊　＊

◎アイス問題

食べ終わったぼうを３本あつめると、もう１本もらえるアイスがあります。このアイスを２０本買うと、全部で何本食べることができるでしょう。

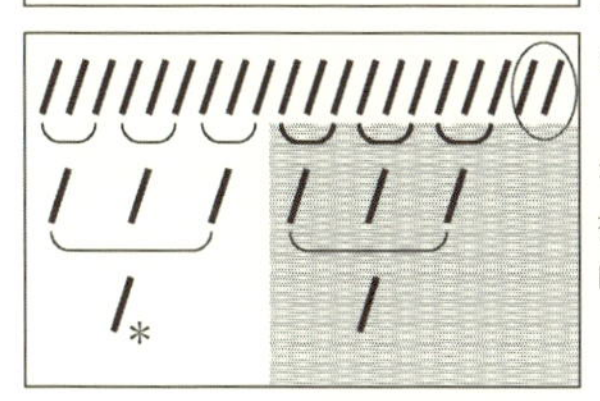

本時の課題は『アイス問題』(左)だ。教科書に載っているものとしては、相当に難度の高い文章題である。何が難しいのか。――その答えは、この時間の子どもたちの反応が教えてくれる。

彼らは「当たり付きアイス」を買った生活経験から、＜もう１本もらえる＞という仕組みはすぐに理解できる。「６本食べたら２本や。」等のつぶやきも見られる。

河部先生は途中まで図(　)をかいて見せ、続きを考えさせることにした。ノートに図式化する個人学習が煮詰まったのを確認すると、先生は子どもたちにこう呼びかける。

「図で迷っている人に、続きをかいてもらいます。そのとき、どこで迷っているかも話してください。」

Bが立ち上がる。「前へ出て説明します。(板書しながら)最初に先生が３本ずつかいてくれていたので、ここまで(　三つ) はできるけど、２本余る(〇)から困っています。」すぐさま声が上がる。C「あ、分かった。今のBちゃんので分かった！」 D「ここ(＊)にもまだ１本あるから、ここ(＊)とここ(〇) の余っている２本を足したらいいと思います。」　**＜本書掲載のため中略＞**

この先生の「迷っていることを ―」という指示は極めて重要である。「迷う」という状態は「分かる」と「分からない」の間にあるからである。個人の「分かりかけ」の状態を全体の場に引き出して、全員で考え合うという値打ちのある流れである。「それで分かった！」という周りの反応も、その学び方がとても興味深く面白いものであることを証明している。

ロシアの心理学者ヴィゴツキー(L.S.Vygotsky ／1896~1934)は、『発達の最近接領域』という理論で有名である。その考えをごく簡単にまとめるならば、「子どもが今日一人でできる発達水準を超えたところに、明日には一人でできるかも知れない発達水準がある。その子が明日以降にできることは、指導者の導きや仲間との学び合いにより、今日達成させてやることができる。それこそが教育なのだ。(大杉の要約)」ということになる。既にできることをさせても学習にはならない。次に「できそう・分かりそう」という、そのぎりぎりの部分を課題とすることが大事である。先生の指導は、まさに「発達の最近接領域」をとらえたものであったと言えるだろう。

資料２-１-３　研究通信『Angle』(新旭北小学校 / 2011年 / 第１面)

6. おわりに

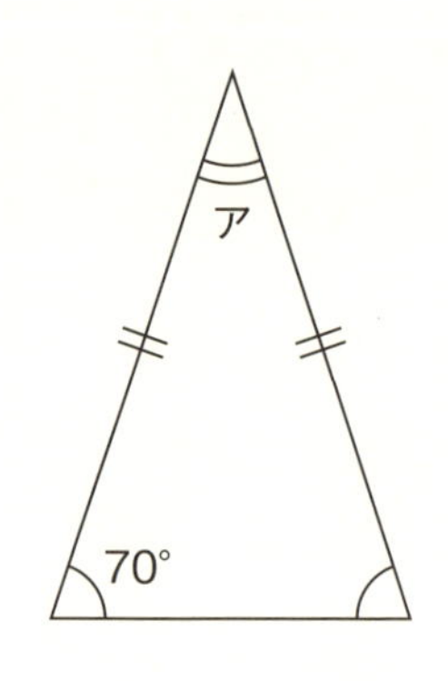

国の方針として「言語活動の充実」が明確に打ち出される以前から，子どもの「ことば」と学習との関係に着目して研究を進めてきた。

その結果，明らかになったことが２つある。

１つは，学びに必要なことばは，常に吟味されるべきだということだ。

たとえば，左図に示す角アの大きさを求める問題において，「180 ひく 70 かける２は，40 です」と式をそのまま読み上げるような発言をしたとしても，聞き手の理解は進まないし，話し手の説明力も育たない。つまり，算数の学びを確かにする言語活動とは言えないのである。ところがこれを，「僕はまず，この三角形が二等辺三角形であることに注目しました。つまり，下の２つの角の大きさは等しいということです。今，左側が 70° だとわかっているので……」などと話せば，これは立派な言語活動になり得る。ただ，話し合いを取り入れればよい，何か書かせればよいという，形式的な活動では意味がないのである。

２つめには，ことばを吟味するのは，子ども自身だということである。

学校は「型」が好きである。学級の子どもの口が少し重いとみると，話型を与えて，そのとおり話させようとする。「～だと思いますが，どうですか」また，文型を与えて形式の統一を図る。「どうしてかというと，～だからです」

これらの指導は，ことばというものの本質に反した行いである。なぜなら，ことばは，発達とともに広がる（増える）方向に進むものだからである。図 **2-1-6** のように広がったことばの中から，場の状況や自分の感じ方に最も合うものを選ぶというのが，ことばの使い手としての人間のあり方だからである。

子どもの語彙が少ないと嘆く教員は多いが，それは誤りである。子どもは驚くほどことばを知っているのだが，それを使わずにすむような環境の中にいるだけの話である。

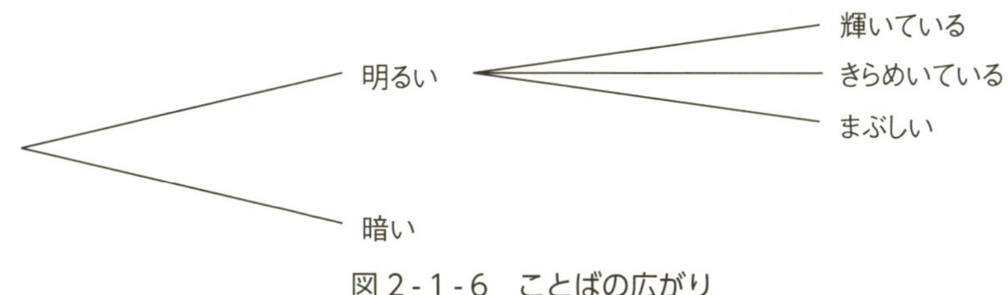

図2-1-6　ことばの広がり

実際，授業の中で子どもに自由に語らせて，「その言い方，わかりやすいね」「今の，続けて話したくなるね」などと認めながら，子どものことばを短冊に書き出していくと，2か月ほどで壁一面が埋まるほどの勢いである。下の写真は，筆者が4年生の担任をしていたときのものだが，校内研修によって，どのクラスでも同じようになることがわかっている。

教師が求める紋切り型のことばに，思考を刺激されるような子どもはいるのであろうか。ことばの教育は，いかに言い換えるか，いかに選ぶかの教育でなければならない。

3校の授業研究では，子どもたちの中にすでにある（＝眠っている）ことばに全教員が関心をもって関わろうとした。子どもたちの口を突いて出たことばをていねいに聴き取り，書き取り，また，それらのことばの働きやねうちを授業の中で子どもたちと共有した。日々のそうした営みにより，学級のことばは少しずつ豊かになり，感じ合う，考え合う，表現し合う教室文化を創り出していった。

子どもの持てる力を信じ，それを引き出し活かす力を教員個々が身につけること。校内研修の役割は，それに尽きるであろう。

筆者の教室（新旭北小学校 / 2010年）

2 知の創発をめざす ワークショップ型・校内研修

愛知県豊川市立一宮南部小学校　原田三朗

1. はじめに

校内研修を企画することは，授業を創造し，構想していく営みに似ている。研修のねらいは何か，一人ひとりの活躍の場が保障されているか，研修に参加する教師たちの思考が深まっていくように展開されているか，研修の評価はどのように行うのか等，授業と共通する要素が数多くある。校内研修の場は，教師にとって貴重な学びの場であり，共に働く仲間たちと教育について顔と顔を突き合わせて語り合うことのできる大切なコミュニケーションの場でもある。授業が子どもたちの知識を深め，思考力を高め，友だちとの豊かな人間関係を醸成していく場であるのと同じように，校内研修の場は，教師の教育に対する考え方を磨き，技術を高め，教師たちの協働性を高めていく重要な場である。

その一方で，いくら校内研修の重要性をうたい，その理想を高く掲げたとしても，多忙化する教育現場の中で，研修が教師にとっての大きな負担となってしまうことは慎まなければならない。何よりも大切なのは，子どもたちの日常であり，一日一日の積み上げである。担任教師を中心とした子どもと教師たちの日常的なコミュニケーションや子どもたちの日々の生活への教師の温かなまなざしが損なわれてしまうようであれば，多くの時間を費やして充実した（そのように見える）研修を行ったとしても，子どもたちの幸せにはつながらない。

このように考えると，校内研修の充実と子どもたちの日常を豊かなものにしていくことは，同じ方向を向くベクトルのように見えても，時として，そのベクトルが全く別の方向を向き，乖離ともいえる状態に陥ってしまうことすらあるのではないか。もちろん，子どもたちの幸せを願わずに行われる研修があろうはずはない。しかし，出張や事務処理，保護者や地域への対応等に追われる生活の中で，はどめなく校内研修が膨らむことは，結局，子どもたちの日常を損ねてしまうことにつながりかねない。また，教育内容が多様化している昨今，学校外でさまざまな教育について学ぶ研修の機会も多い。それらも大切な研修の場であるだろう。こうした学校を離れての研修や校内における事務，そして，日常の教材研究や子どもたちとのふれ合い，そうしたものとの絶妙なバランスの中で，校内研修のあり方を私たちは模索していかなければならない。

本校は，児童数150名，教職員18名の小規模校である。こうした小さな学校でも教師同士がゆっくりと話をする機会はなかなか得られない。しかし，話をしてみれば，一人ひとりが教育に対する熱い思いをもっているのがわかる。経験年数が少ない教師でも，彼らなりの教育に対する思いは深く，時として，彼らの言葉に経験の多い教師たちがはっとさせられることもある。

突き詰めれば，校内研修は，職場を共にするさまざまな教師たちの教育に対する哲学を磨き合う場であることが理想なのではないか。その交流の経験は，必ず授業の創造へと反映される。他者に自分の教育に対する考えをぶつける。すると，他者は新しい視点から考えを述べる。その視点に新しい地平を見いだし，自分の新たな教育観を積み上げる。それぞれが更新したものをさらにつなぎ合わせて新しい知をそこに見いだしていく。教師たちの研修の場におけるこうした経験は，子どもたちが豊かな学びの場で実感するそれと同じである。豊かな学びには，子どもも教師もない。そこは，一人ひとりの知が引き出され，つながり合い，高められる学びの場である。

校内研修において，どれだけ一人ひとりの教師が豊かな学びを経験することができるのか，その授業づくり，いや，研修づくりに，研修を企画する側は，腐心しなければならないのだと思う。

2. 校内研修の理念

(1) 心豊かにふれ合い，ともに高め合う子ども

本校は，愛知県の東部に位置する豊川市の郊外にある，単学級8クラス（特別支援学級2クラス）の小学校である。2012（平成24）年より豊川市教育委員会から3年間の教育研究の委嘱を受け，「心豊かにふれ合い，ともに高め合う子

ども―『伝える力』を育てる活動を通して―」をテーマに実践研究を進めてきた。研究発表を2014（平成26）年秋に行ったが，その後も，継続して研究は続けられている。

本テーマを掲げ，研究をスタートし，推進していく上で，まず，私たちが大切にしたことは，子どもたちの一日一日の学校生活を豊かなものにしていくことである。それは言い換えると，豊かな日常を基盤とした本校の温かな学校文化を形成していくことである。この考え方は，研究のスタート時の「なぜ，私たちは『伝える力』を子どもたちに育んでいこうとしているのか」を主題とした教師たちの話し合いによって生まれた。『伝える力』をテーマに研究を進めていくためには，伝えたいことを受け止めてもらえる安心感や受容的な学校文化が基盤にあることがまず必要であり，その中にあってこそ，一人ひとりが自己受容感をもち，のびのびと自己を表出することができるのだということをRound Studyという手法を用いた話し合いによって共通理解した。

（2）学び合う教師集団のもとでこそ，学び合う子どもたちの姿が具現される

研究を推進するにあたって，常に，大切にしてきたことは，「温かな学校文化の形成」「子ども『ひとり』『ひとり』の確立」をめざした日常活動の充実である。そのために，「学び合う教師集団のもとでこそ，学び合う子どもたちの姿が具現されるのだ」という考えに立った校内研修を推進してきた。

「子ども『ひとり』『ひとり』の確立」という言葉は，校内研修で学んだ東井義雄の『培其根（ばいきこん）』に示されている考え方である。以下に示す言葉を学級担任が書く学級経営案の表紙に掲げ，どんな教育活動を行うときでも，「子ども『ひとり』『ひとり』の確立」をめざしていくことを共通理解した。

> 「教育」は，結局「ひとり」「ひとり」の確立である。いくらうまい授業をやったところで，うまい発表会をやったところで，りっぱに見える体育会をやったところで，それが「ひとり」「ひとり」の確立につながらないのでは，「教育」とはいえない。
> 〈中略〉
> 「ひとり」「ひとり」は，「ひとり」「ひとり」それぞれの事情をもっている。「教育学」も「心理学」も「教授学」も，一般的なことは教えてくれても，「ひとり」「ひとり」

の個人的事情に適応する方法までは教えてくれない。しかし，この「ひとり」「ひとり」の個人的事情にまでふれていき，それに適合する方策を考えていかなければ，「ひとり」「ひとり」の確立は望めない。
〈中略〉
それにしても，こうして，「ひとり」の子を立ち上がらせるために，そのまわりのいろいろな在り方・動き方を，ひとつの願いのもとに，整備し，組織していく仕事を私たちもおし進めようではないか。
［出典］東井義雄 『培其根』（第1巻・1966年度）

こうした考えに立った授業づくりや子どもたちの日常活動の充実を進めていくことによって，研究でめざしたことがおのずと学校の日常の中へ溶け込んでいった。なぜなら授業と子どもたちの日常，そして，子どもたちの学習へと向かう態度と教師自身が学びへ向かう姿勢は密接につながり合っているからである。日常生活で培われた「伝える力」は授業における伝える力となり，授業で学んだ「伝える力」は日常でも生かされるようになった。また，教師一人ひとりの考え方が生かされる校内研修を行うことは，一人ひとりが生かされる授業づくりへとつながっていった。校内研修について言えば，ワールド・カフェ的手法を活用したRound Studyによる授業研究会，教師による町探検とその報告会，「先達（東井義雄）に学ぶ会」など，自由闊達な意見交換や教師一人ひとりの発想が生かされてこそ成り立つ研修がそれにあたる。

こうした取り組みによって，研究発表後も，温かな学校文化に支えられた「心豊かにふれ合い，ともに高め合う子ども」の姿が日常的に見られ，研究でめざしたことが自然な形で継続・定着している。

3. 校内研修のシステムと手順

◇特色ある3つの研修

本校で行っている知の創発をめざす校内研修としては，Round Study（教師同士の会話を基盤に協同知を構築していく手法）の活用と「先達に学ぶ会」，教師による「町探検」が挙げられる。

● **Round Study**

授業の事後研修，研究推進の方向性や振り返り等についての話し合いを，Round Study という手法を活用して行っている。（図２-２-１）

Round Study は，次の６つの Round で構成される。

○ **Round 0** （はじまりの Round / 参加者全員）

研修の目的と Round Study の方法の共有。

○ **Round 1** （分かち合いの Round / 3～4名で構成されるグループ）

アイスブレーキング・テーマに対する各々の考えのシェアリング・会話。

○ **Round 2** （異文化と出会う Round / 席替えによって Round 1 とは異なったグループを形成）

同じテーマについて Round 1 とは異なったメンバー同士での会話。

○ **Round 3** （協同知を求める Round / Round 1 の時のグループ）

最初のグループメンバーとの会話・出された意見の集約。

○ **Final Round** （協同知を創造する Round / 参加者全員）

各グループ 90 秒の発表。全体での討議・まとめ。

○ **Round E** （評価の Round / 参加者全員・事後：企画者）

パフォーマンス評価と事後の総括。

参加者は，以下の心得をもって Round Study に臨む。

・肩書や経験にとらわれず，リラックスして会話を楽しむこと

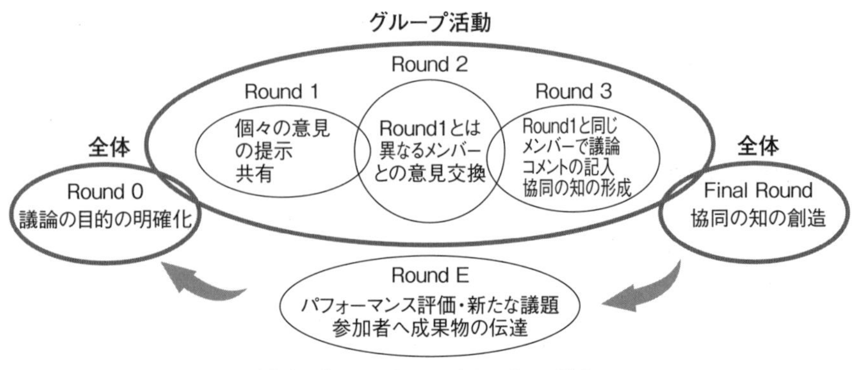

図２-２-１　Round Study の流れ

・全員が話す機会を保障され，話したことが受容されること
・書きながら話すこと（visual language / visual listening）

Round Studyは，小グループにおける教師たちの会話を基盤に協同知を構築していく手法である。くり返し行ってきているため，本校の校内研修は，リラックスした雰囲気の中で会話を楽しみながら授業について語り合う様子が定着している。そこには，肩書や経験年数にとらわれず，自分の意見を伝え，学び合う様子が見られる。

●先達に学ぶ会

先達に学ぶ会は，児童の夏季休業中に教育者の先達について学び，それを8月下旬の校内研修で，交流し合うというものである。最初の3年間は，「東井義雄に学ぶ会」と限定したが，現在は，逝去した教育者なら誰でもよいということにした。

最初，東井義雄を取り上げたのは，本校の研究の基盤に『培其根』の言葉を示しているからである。培其根には，戦後間もない寒村に住む子どもたちを教育によって育てていこうとする教師たちの奮闘の姿が赤裸々に記述されており，そこから学ぶことは多い。また，培其根には，豊川市の校長と教師が東井が校長を務める八鹿小学校に視察に訪れた様子が3ページにわたって記述されている。そこには，訪問記録として訪問者が綴った言葉がそのままの形で紹介されている。実際に東井は，豊川市で講演したこともあり，豊川市は東井との縁がある。さらに，東井の生家である東光寺には東井の長男義臣氏（1990年逝去）の妻の浴子さんがおり，縁あってそこを2度訪問した経緯もある。「先達に学ぶ会」を2学期の直前に行うことで，2学期からの教育実践への思いを新たにしていく力ともなっている。

●教師による町探検

教師は，校区のことを思いのほか知らないことが多い。そこで，教師による町探検を継続的に行っている。生活科の実践にならい，訪問先の決定と交渉，インタビュー，事後の報告等，子どもの学びと同じプロセスを踏みながら，新しい発見を毎年のようにくり返している。この町探検をきっかけに地域の人とのつながりが生まれ，授業実践に参画していただくということも何度もあった。

4. 校内研修での学びの実際

（1）Round Study

これまで，研究のスタート時におけるテーマの捉え方を共有する場面，研究の中間まとめでの成果と課題の検討場面，授業研究会の事後検討会等の場面で，Round Study を行ってきた。

●研究の方向性の決定

研究のスタート時には，研究テーマの解釈を確かなものにするため，副題にある「伝える力」について，Round Study を行った。また，研究の中間地点では「これまでの研究の成果と課題」をテーマに意見を交わした。

下表左にあるのは，「なぜ，私たちは『伝える力』を子どもたちに育んでいこうとしているのか」をテーマに行った研究当初の Round Study によって，各グループから出されたキーワードである。右は，出されたキーワードを分析し，まとめた研修だより「南風」の抜粋である。これによって本校の研究のめざす方向性が当時のメンバーの総意によって確認され，これらを基盤に，研究構想が作成された。

〈キーワード〉	
生きる力 価値が高いものを手に入れる 生活の質の向上 自己肯定感 自信がもてる やる気・自信 子どもの意識 思いや気持ちを伝える 他者理解（受容的な学習集団） 受容し合う学級づくり 学級経営 教材開発	ここまでのキーワードは，個の生き方の問題です。つきつめて言えば，一人ひとりがどのように生きるか，その求められる生き方が示されています。 それでは，そうした生き方ができるようにするためには，どうすればよいかということを他者とのかかわりでとらえたものが 子どもの意識 より下の言葉になります。これらは，「伝える力」をつけていくための具体的な手立てに位置づけられそうです。 子どもの意識 より下の言葉の内容を見てみると，本人を中心にみれば，（伝えたいという）「必要感」となり，受け手側について考えれば（伝えたいことを受けとめる）「受容的な雰囲気（学級集団・学習集団）」の大切さがカードに示されています。それは，「伝えたい思い」をもたせることであり，「受けとめようとする他者」を育てることだと

言えるでしょう。「伝える力」を育てるために（それを受け止める）「他者」を育てることを欠くことはできないのです。そして，「伝えたい思い」を培い，「伝わったという実感」を得られるような教材の開発が私たちの大切な仕事となります。

＜研究だより「南風」No. 1 より＞

●授業研究の事後検討会での活用

以下は，総合的な学習の時間の授業研究の事後検討会における Round Study を研究者が分析した結果である。

分析法；KJ 法 **【事後検討会の分析】**

①発話をすべて起こし，グループごとに番号を振る。
②その中から重要性が高いと判断したものを抽出する。
③グループ（４グループ）のセッション（３セッション）ごとに，似ていると思う発話を選び，ラベルを貼る。大きなまとまりができるまで，この作業をくり返す。

考察；

テーマの共通性；
- ○席替えによって，テーマが全体で共有される。
- ○席替えによって出た話題が，伝達されるかどうかは各参加者にゆだねられているので，必ずしもすべての話題が共有されるわけではない。

テーマの移行；
- ○最初のセッションでは授業の問題点の指摘（個々の子どものふるまい・教師の指導等）
- ○次のセッションでは，問題点の共有
- ○最後のセッションでは，今後改善する方法，単元のねらいについての議論といった傾向が見いだされた。

著者性；
- ○席を移動することによって，その発話をした人の権威が失われ，個々の発話の価値が再発見される。

模造紙という媒介；
- ○模造紙に書かれていることをつなげながら話し合う様子も見られ，話し合いの一つのきっかけとして機能している。

分析では，「テーマの移行」として，３回のセッションが，問題点の指摘→問題点の共有→改善の方向についての議論へと深まっていっていることが示されている。深まりをめざす動きがメンバーの中から自然に生まれてくることが大きな魅力である。もう一つの「著者性」にある「発話者の権威が失われる」ということは，席替えをすることによって，「○○先生の意見だから」とか「研究主任がこう言ったから」のように誰の発言かに意見の内容が引っ張られることがなくなるということである。テーブルに一度出され，記述された意見は，発話者が見えなくなるため，純粋に一つの意見として尊重される。Round Study では，若い教師も，自由に自分の意見をぶつけていくことができるのである。したがって，「個々の発話の価値が再発見される」ことになる。

（2）先達に学ぶ会

本校の校内研修では，8月下旬に「先達に学ぶ会」を行うことが恒例になっている。最初の3年は「東井義雄について学ぶ会」とした。そのときには，2年続けて，東井の生家である兵庫県豊岡市但東町の東光寺と東井義雄記念館を有志で訪ねた。参加できなかった教師については，文献研究とした。

8月下旬の校内研修での発表会では，文献研究をした教師からの報告と東井が生きた場所に行き見聞を深めてきた教師からの報告とがあり，東井を捉える視点が教師によってさまざまで，授業や子どもの捉え方に対する新しい見方・考え方を広げていくことのできる研修となった。

右ページに示したのは，研修後の振り返り〈皆さんの報告を聞いて思ったこと・2学期からの指導に生かしていこうと思ったこと〉に綴られた教師たちの言葉である。

「東井義雄を通して，みんなできちんと時間をとって考えた経験は，2学期に一南を動かしていくときのエンジンのようなもの」「教

兵庫県豊岡市但東町にある『東井義雄記念館』を訪ね，館長の衣川さんからお話を伺った。衣川さんは，東井が最後に担任をした教え子だそうである。東井の教壇に立つ姿について知ることができた。

資料2-2-1　東井義雄記念館で館長さんのお話を聞く

育の本質に迫る大切なことを職員全体で確認できた」「研究はこうしてみんなで話し合ってやっていけば楽しい」などとあるように，東井義雄のめざした教育を学ぶことを通して，学ぶことの楽しさを実感することができた振り返りが多く綴られた。

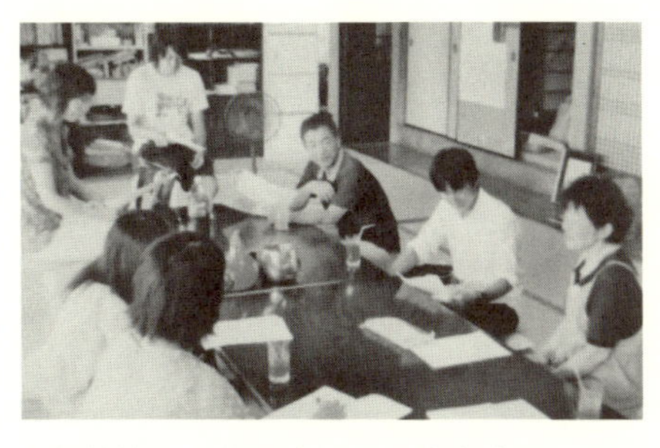

東井義雄は，豊岡市にある東光寺というお寺の長男として生まれた。右手前でお話をされているのは，東井の長男の妻である東井浴子さん。夫の東井義臣さんの亡くなられた後，今もお一人で東光寺を守られている。教師としての，また，一人のおじいちゃんとしての東井の姿をお話ししてくださった。

資料2-2-2　東井義雄の生家，東光寺にて

2015（平成27）年度からは，東井義雄という枠組みを外し，自分の学びたい先達を選ぶようにした。すると，蔦文也監督やペスタロッチ，エーリッヒ・フロム等，さまざまな先達についての発表があった。日頃，こうした人たちについて同僚と語り合うことはほとんどない。選んだ人物について，それぞれの個性が現れ，また，先達の教育思想についてその一端ではあるが理解することもでき，有意義な会となった。

〈研修後の振り返りに綴られた教師たちの言葉〉

○「根を養えば樹はおのずから育つ」見えないところを養っていくということは，教師自身が子どもに対してより深い愛情をもって接していかなければならないということなのだろう。

○いろいろな人の考えたことから，また，改めて学ぶことがたくさんあった。いろいろな人の視点が大切なんだと思う。東井義雄を通して，みんなできちんと時間をとって考えた経験は，2学期に一南を動かしていくときのエンジンのようなものになると思う。

○それぞれの着眼点が違い，先生方の個性あふれる学習会になった。それゆえに，いくつもの大切なことに気づかされた。これまでに私たちが授業で取り組んできたことに学習会で得たことをプラスして，具体策をみんなで考えて，さらに授業づくりに励んでいきたいと思った。「子どもがいるからこその学校」…150人の子どもがいるからこその一南…150人の素晴らしさを日々実感していきたい。

○東井義雄記念館に行った先生方の話を聞いて，自分が想像していた東井先生のイメージが変わりました。温かい言葉の数々を見ていたので，さぞかし温和な方かと思っていましたが，筋の通ったしっかりとした厳しさをもってみえた方だったのですね。今回，たくさんの先生方からいろいろな視点で東井義雄について知ることができてよかったです。２学期に生かしていきたいです。
○２学期のスタートを目前にして，教育の本質に迫るために大切なことについて，職員全体で確認することができたこと，それをもとに取り組んでいきたいことが具体的に見つけられたことが，今日の大きな成果だったと思います。
○２学期につながるとてもいい時間でした。みんなで話し合うことでわかっていなかったことがわかる，具体的になるからどうしたらいいかもわかってきました。研究は，こうしてみんなで話し合ってやっていけば楽しいと思います。東井義雄は「とおいようで近い」。「国語での話し合い」「子どもを認める」「姿勢」について，まず，やっていこうと思います。

（3）教師による町探検

教師による町探検を継続して行っている。ねらいは，教師が自分の勤務する校区についての理解を少しでも深めていくことと，理解を深めていくための学びのプロセスを教師自身が追体験することである。2014年度は，低学年が「おゆき弁天の伝説」に関わる場所めぐりと本校の子ども歌舞伎を指導されている田中さんへのインタビュー，高学年が，初代ＰＴＡ会長に一宮南部小学校開校当時のお話を伺うことと学校のすぐ近くにある大変おしゃれな建物のはちみつ屋さん『さんぽ道』のオーナーを訪ねる活動を行った。

以下が，その校内研修の手順である。

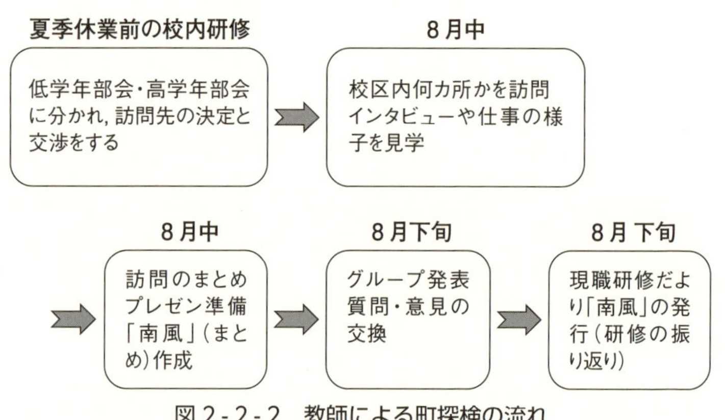

図2-2-2　教師による町探検の流れ

各部会で訪問先として選ぶ場所や人は，授業に直結しているものが多い。初代ＰＴＡ会長のお話を伺ったのは，４年生が総合的な学習の時間で「一南の歴史探検」を学習していたことがきっかけではあったが，開校当時のＰＴＡの方々の学校づくりに対する情熱と努力にふれ，一宮南部小に勤務している職員たちは，身の締まる思いであった。

見学・訪問後，各グループで，プレゼンテーションを作成する。主に，プレゼンテーションソフトを活用してのプレゼンと現職研修だより「南風」の発行の２つの方法による報告である。こうした場面で力を発揮するのは若手教師が多い。「南風」の紙面構成やプレゼンソフトの画面構成など，柔らかな頭で，時には，ユーモアを交えたプレゼンも行われ，こうしたものに不慣れな教師にとって，有意義な研修の場にもなる。

以下に示すのは，探検後の振り返りを現職研修だより「南風」No. 61，62 にまとめたものからの抜粋である。探検を通して教師たちが感じ取ったのは，何よりも，地域に生きる人たちの「地域を愛する心」であった。

○地域の方にいつも頼むことが多い学校であるが，子どもたちや学校が地域のために動くことも必要なことではないか。
○川島さん，市川さん，田中さんのお話の中には，共通して「地域を愛する心」を強く感じた。３人それぞれにこの地域で育ち，ここ地元でがんばっている人たち。私たち教師は，この地域・学校と長く関わることはないので，難しい面もあるが，子どもたちには，自分たちの学校・地域を誇りに思うような学習を経験させたいと強く感じた。
○今日，川島さん，市川さんの話を聞いたことで，学校への思いやさんぽ道に対する思いが変わる。見方も変わるから，さんぽ道に行きたいと思うし，川島さんのように学校を大切にしようと思う気持ちが強くなる。
○この町探検で，知らなかったことが全部だったが，どれも自分のこれからに影響のある話だった。いい一日で，うれしく思った。
○今日の研修での３人の方は，みなさん素晴らしい郷土愛のもち主だったと思う。大人になり地元を離れようが，このような心をもった子を育てなければという責任を感じた。
○いろいろな経験をし，学び，自分の考えをしっかりもっている人はやはり面白い。
○昨年に引き続き，２回目の町探検に行き，また少し，一宮のことを知ることができた。ただの，のどかな田舎町かと思っていたが，不思議いっぱい！　魅力いっぱいだった！　やっぱり，地域というのは，人がつくりあげてきた証なのだと思った。

○町探検の発表を聞いて，町探検は，幸せ探しだと思った。
○川島さんの話から，一宮南部小学校を子どもたちにとってよりよい環境にしようという保護者や地域の方の熱意と愛情を感じた。手弁当でほぼ毎週，いろいろな作業に全家庭から参加されたと思うが,「文句もけが人も出なかった」というところに“自分たちの学校”という意識が感じられた。
○金沢歌舞伎の存続の話題で，これまで鎮守の森としてのお宮が担ってきた役割が学校へと移ってきているのか？というお話は，歌舞伎に限らず，村や町の人々の心の拠り所としての学校という存在について考えさせられました。

校区の住民ではない教師にとって，校区の人々の心にふれる機会は少ない。校区の方をお招きすることはあっても，こちらからお願いして出向き，地域のことについてお話をしていただくことは，こうした機会がない限りなかなかないだろう。上記の感想に「町探検は幸せ探し」とあるように，教師による町探検は，町の人の地域に対する思いや学校に対する思いを直に感じ取ることのできる大切な機会である。

5. 学びを深めるポイントと研究通信

(1) はたらきかけ，はたらき返されるという経験

右ページに示すのは,「先達に学ぶ会」でベテランのM先生が綴った「南風」である。

M先生が東井の言葉を引用して述べているように,「意味」はこちらが読み取るものであり,「ねうち」はこちらが発見するものである。教材の中にある「意味」や「ねうち」，子どもの姿にある「意味」や「ねうち」，授業という営みの中に見られる「意味」や「ねうち」，それらを見いだしていくまなざしこそ，私たちが養っていかなければならないものなのだろう。

「意味」や「ねうち」の発見は，M先生が東井生誕の地に足を運び，館長や東光寺の浴子さんにはたらきかけ，そこでお話を聞いたり東井が育てようとした子どもが暮らした場所の様子を感じ取ったりすることによって生まれた。さらに,「南風」という研修だよりに綴り，報告会をすることで，その「意味」や「ねうち」を同僚にも伝え，そこから，また，感想や意見を伝えられることで，さらに新たな発見が生まれた。

「はたらきかけ，はたらき返される」経験は，新しい発見の連続である。その発見をもたらしてくれる最も近い存在が，同じ学校に勤め，教育という営みを共にしている同僚たちの存在なのだろう。校内研修が，同僚たちとの「はたらきかけ，はたらき返される」関係をよりいっそう活性化させる場となれば，日々の教育活動の中に，たくさんの「意味」や「ねうち」を見いだしていくことができるに違いない。

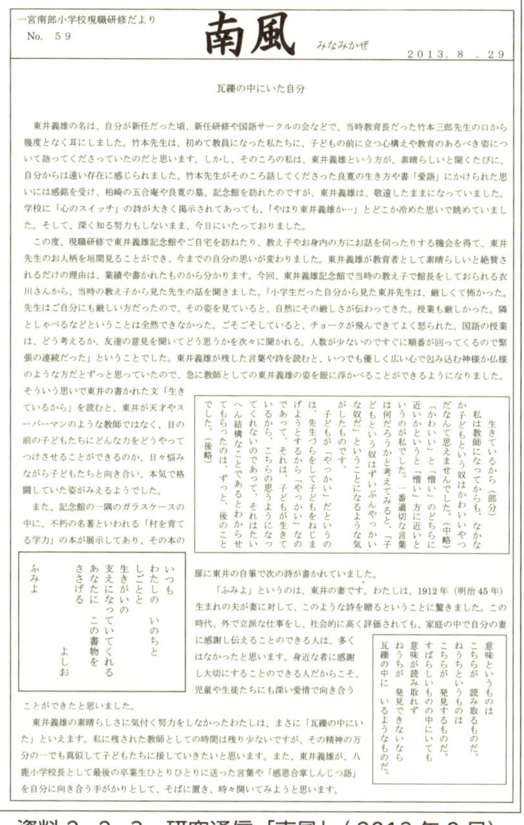

一宮南部小学校現職研修だより
No.　59

南風　みなみかぜ

2013．8．29

瓦礫の中にいた自分

東井義雄の名は、自分が新任だった頃、新任研修や国語サークルの会などで、当時教育長だった竹本三郎先生の口から幾度となく耳にしました。竹本先生は、初めて教員になった私たちに、子どもの前に立つ心構えや教育のあるべき姿について語ってくださっていたのだと思います。しかし、そのころの私は、東井義雄という方が、素晴らしいと聞くたびに、自分からは遠い存在に感じられました。竹本先生がそのころ話してくださった良寛の生き方や書「愛語」にかけられた思いには感銘を受け、柏崎の五合庵や良寛の墓、記念館を訪れたのですが、東井義雄は、敬遠したままになっていました。学校に「心のスイッチ」の詩が大きく掲示されてあっても、「やはり東井義雄か…」とどこか冷めた思いで眺めていました。そして、深く知る努力もしないまま、今日にいたっておりました。

この度、現職研修で東井義雄記念館やご自宅を訪ねたり、教え子やお身内の方にお話を伺ったりする機会を得て、東井先生のお人柄を垣間見ることができ、今までの自分の思いが変わりました。東井義雄が教育者として素晴らしいと絶賛されるだけの理由は、業績や書かれたものから分かります。今回、東井義雄記念館で当時の教え子で館長をしておられる衣川さんから、当時の教え子から見た先生の話を聞きました。「小学生だった自分から見た東井先生は、厳しくて怖かった。先生はご自分にも厳しい方だったので、その姿を見ていると、自然にその厳しさが伝わってきた。授業も厳しかった。隣としゃべるなどということは全然できなかった。ごそごそしていると、チョークが飛んできてよく怒られた。国語の授業は、どう考えるか、友達の意見を聞いてどう思うかを次々に聞かれる。人数が少ないのですぐに順番が回ってくるので緊張の連続だった」ということでした。東井義雄が残した言葉や詩を読むと、いつでも優しく広い心で包み込む神様か仏様のような方だとずっと思っていたので、急に教師としての東井義雄の姿を眼に浮かべることができるようになりました。

そういう思いで東井の書かれた文「生きているから」を読むと、東井が天才やスーパーマンのような教師ではなく、目の前の子どもたちにどんな力をどうやってつけさせることができるのか、日々悩みながら子どもたちと向き合い、本気で格闘していた姿がみえるようでした。

生きているから（部分）
私は教師になってからも、なかなか子どもという奴はかわいいやつだなんて思えませんでした。（中略）「かわいい」と「憎い」のどちらに近いかというと「憎い」方に近いというのが私でした。一番適切な言葉は何だろうかと考えてみると、「子どもという奴はずいぶんやっかいな奴だ」ということになるような気がしたものです。
子どもが「やっかい」だというのは、先生づらをして子どもをねじまげようとするから「やっかい」なのであって、それは、子どもが生きているから、こちらの思うようになってくれないのであって、それはたいへん結構なことであるとわからせてもらったのは、ずっと、後のことでした。（後略）

また、記念館の一隅のガラスケースの中に、不朽の名著といわれる「村を育てる学力」の本が展示してあり、その本の扉に東井の自筆で次の詩が書かれていました。

いつも
わたしの　いのちと
しごとと
生きがいの
支えになっていてくれる
あなたに　この書物を
ささげる
よしお
ふみよ

「ふみよ」というのは、東井の妻です。わたしは、1912年（明治45年）生まれの夫が妻に対して、このような詩を贈るということに驚きました。この時代、外で立派な仕事をし、社会的に高く評価されても、家庭の中で自分の妻に感謝し伝えることのできる人は、多くはなかったと思います。身近な者に感謝し大切にすることのできる人だからこそ、児童や生徒たちにも深い愛情で向き合うことができたと思いました。

意味というものは
こちらが　読み取るものだ。
ねうちというものは
こちらが　発見するものだ。
すばらしいものの中にいても
意味が読み取れず
ねうちが　発見できないなら
瓦礫の中に　いるようなものだ。

東井義雄の素晴らしさに気付く努力をしなかったわたしは、まさに「瓦礫の中にいた」といえます。私に残された教師としての時間は残り少ないですが、その精神の万分の一でも真似して子どもたちに接していきたいと思います。また、東井義雄が、八鹿小学校長として最後の卒業生ひとりひとりに送った言葉や「感恩合掌しんじつ語」を自分に向き合う手がかりとして、そばに置き、時々開いてみようと思います。

資料2-2-3　研究通信「南風」（2013年8月）

（2）若い教師たちの力を引き出す

若い教師たちを未熟な教師と捉え，研修を通して技術を伝達し，若い教師を一人前の教師に仕立て上げようとする発想は，未熟な子どもたちを優れた大人たちが学校で開発し育て上げていこうとする発想と似ている。若い教師たちは，若い教師たちなりに教育に対する素晴らしい感覚をもっている。それを研修の場で生かしていこうとする発想が必要である。

若い教師たちの知，中堅と呼ばれる教師たちの知，そして，ベテラン教師たちの知，それぞれの知を出し合い，磨き合っていくことのできる研修を構築していこうとする発想や，そうした研修の実施が，子ども一人ひとりを大切にしようとする学校文化を生み出す。そうして培われた学校文化こそが日々の授業をよりよいものへと高めていくのである。

下は，東井を訪ねる旅の後，旅で学んだことについて若い教師がまとめたものである。若い教師は，現職研修だよりを新聞という形に変えて発行し，発表した。みずみずしい感性で多くのことを学び取っていることがわかる。

新しい時代の教育をつくっていく若い教師たちが，戦後間もない頃に活躍した教師たちの姿にふれ，感銘を受ける。世の中の姿は大きく変化しているのに，なぜ，古の教育者の姿に心を揺り動かされるのだろう。その理由の一つは，時は過ぎても，教育という営みの中で変わらないものをそこに見いだすことができるからである。若い人たちのみずみずしい感性は，時代の変化にとらわれずに，純粋にそこに営まれていた教育の輝きをつかみとることができる。また，著名なとか偉大なとかいわれる教育者たちも，私たちと同じように悩み苦しみ，目の前の子どもたちの幸せを願い日々の教育を積み重ねていったのだということに，今ある教育者としての自分の姿を重ねることができるからなのではないか。うまくいかないことも含めた目の前の子どもたちとのささやかな日常の積み重ねがいかに大切なのかを，先達たちは若い教師たちに伝え，若い教師たちは先達と同じように明日の教育を創造するために奮闘する。

一宮南部小学校現職研修だより
No. 58
文責

南風 みなみかぜ

2013. 8. 29

遠いようで近い新聞

東井義雄先生は〇〇で腹痛を治す？

私たち、一宮南部探検隊は、東井先生のルーツを探るために、『東井義雄記念館』を訪れました。記念館には、たくさんの書物がありました。中でも、東井先生の直筆の原稿には、魂が宿っているようで、とてもエキゾチックな感じがしました。記念館の館長さんは、なんと東井先生の教え子でした。館長さんから、「東井先生は、隙がなく、板書している時でさえ、背中から殺気を出していたので緊張した。朱書きは丁寧。お腹が痛い時は、お腹に塩を盛って治して、学校に来ましたよ」という、東井先生のお話を聞きました。東井先生は、自分にも生徒にも厳しくして、生徒を鍛えていたことが分かりました。気合で病気を治すという強い精神もある東井先生のことがみえました。

東井先生は〇〇事件から いのちの教育に目覚める

子どもから、「ノドチンコは、なんであるんですか？」という質問に即答できなかった東井先生は、一晩調べてきたそうです。そして、ノドチンコは食べ物が器官に入らないようにする役割があること、自分の知らないところで、自分の命を支えていることに気づかれたそうです。これを『ノドチンコ事件』というそうです。

優しく穏やかな館長さんから、東井先生のことを聞いて、私の恩師の先生方、一南小の先生方にも、東井先生と同じように熱い先生がたくさんみえるので、東井先生を身近に感じました。

東井先生の家、東光寺にて

東光寺に行くと、東井浴子先生が、温かく迎えてくださいました。浴子先生は、私の膝の怪我に気づき、「無理したら、あかん」とおっしゃって、急いで椅子を用意して、座らせてくださいました。

東光寺には、東井先生と浴子先生の名言がたくさん飾られていました。

浴子先生は、東井先生の息子さんのお嫁さんです。東井先生の息子さんも先生をされていたのですが、体育の授業で体を壊され、ずっと入院されることになったそうです。そんな時、浴子先生は、家庭を支えるために、スナックで働いて三人の子どもさんたちを育てたそうです。とても大変だったと思いますが、「三番目の子は、エレキギターやってて中三の一月からやっと勉強しはじめてんやで」と、ユーモアも入れながらお話をしてくださいました。今は、三人とも立派に社会に出て、活躍されているそうです。

「一寸先は闇！」
(朝、いってらっしゃいの普段の生活から、わずか一時間後にはまったく違う人生を歩まなければならないこともある)
東井先生の言葉を使って、ご紹介いただきました。

浴子先生のこだわりは、料理は全部手作りだそうです。浴子先生にご馳走していただいたものは、ここで採れた野菜が中心でした。「圧力釜を使ったからすぐできたし、簡単や」と浴子先生は、おっしゃっていましたが、ナスをみるときれいに皮がむいてあり、向きもきれいに揃えて調理してあり、すべてにおいて、丁寧な仕事がしてあることが分かりました。そうめんのつゆも、かつおがたっぷりで、深い味わいがたっぷりと詰まっていて、とてもおいしかったです。浴子先生が、私たちのために走り回って準備をしてくれたことが伝わってきました。最後は、コーヒー豆を挽いて、香り高いコーヒーを淹れてくださいました。浴子先生も人のために全力で尽くすとても優しい先生でした。

さいごに

この探検で出会った人々は、穏やかで優しく親切にしてくれる人ばかりでした。

人に尽くしていくことのすばらしさを学ばせていただきました。ありがとうございました。

資料 2-2-4　研究通信「南風」（2013 年 8 月）

あふれる情報の中にあっても，今，この時を大切に過ごすことは，ベテラン教師も若い教師も同じである。研修を設定するのは，主に中堅やベテランの教師たちである。そうした者たちがいかに若い教師の力を引き出そうとしているのか，そして，自身がどれだけ学び続けているのか，そこにこそ，教師の学びを深めるためのポイントがある。

（3）学びの記録の蓄積と活用

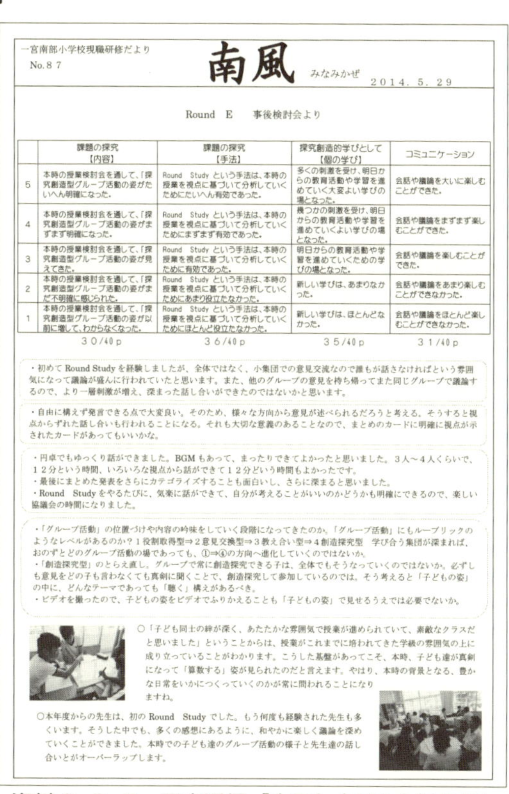

一宮南部小学校現職研修だより
No.８７
南風　みなみかぜ　２０１４．５．２９

Round　E　　事後検討会より

	課題の探究【内容】	課題の探究【手法】	探究創造的学びとして【個の学び】	コミュニケーション
5	本時の授業検討会を通して、「探究創造型グループ活動の姿がたいへん明確になった。	Round　Study という手法は、本時の授業を視点に基づいて分析していくためにたいへん有効であった。	多くの刺激を受け、明日からの教育活動や学習を進めていく大変よい学びの場となった。	会話や議論を大いに楽しむことができた。
4	本時の授業検討会を通して、「探究創造型グループ活動の姿がまずまず明確になった。	Round　Study という手法は、本時の授業を視点に基づいて分析していくためにまずまず有効であった。	幾つかの刺激を受け、明日からの教育活動や学習を進めていくよい学びの場となった。	会話や議論をまずまず楽しむことができた。
3	本時の授業検討会を通して、「探究創造型グループ活動の姿が見えてきた。	Round　Study という手法は、本時の授業を視点に基づいて分析していくために有効であった。	明日からの教育活動や学習を進めていくための学びの場となった。	会話や議論を楽しむことができた。
2	本時の授業検討会を通して、「探究創造型グループ活動の姿がまだ不明確に感じられた。	Round　Study という手法は、本時の授業を視点に基づいて分析していくためにあまり役立たなかった。	新しい学びは、あまりなかった。	会話や議論をあまり楽しむことができなかった。
1	本時の授業検討会を通して、「探究創造型グループ活動の姿が以前に増して、わからなくなった。	Round　Study という手法は、本時の授業を視点に基づいて分析していくためにほとんど役立たなかった。	新しい学びは、ほとんどなかった。	会話や議論をほとんど楽しむことができなかった。
	３０/40ｐ	３６/40ｐ	３５/40ｐ	３１/40ｐ

・初めて Round Study を経験しましたが、全体ではなく、小集団での意見交流なので誰もが話さなければという雰囲気になって議論が盛んに行われていたと思います。また、他のグループの意見を持ち帰ってまた同じグループで議論するので、より一層刺激が増え、深まった話し合いができたのではないかと思います。

・自由に構えず発言できる点で大変良い。そのため、様々な方向から意見が述べられるだろうと考える。そうすると視点からずれた話し合いも行われることになる。それも大切な意義のあることなので、まとめのカードに明確に視点が示されたカードがあってもいいかな。

・円卓でもゆっくり話ができました。BGM もあって、まったりできてよかったと思いました。３人～４人くらいで、１２分という時間、いろいろな視点から話ができて１２分どいう時間もよかったです。
・最後にまとめた発表をさらにカテゴライズすることも面白いし、さらに深まると思いました。
・Round　Study をやるたびに、気楽に話ができて、自分が考えることがいいのかどうかも明確にできるので、楽しい協議会の時間になりました。

・「グループ活動」の位置づけや内容の吟味をしていく段階になってきたのか。「グループ活動」にもループリックのようなレベルがあるのか？１役割取得型⇒２意見交換型⇒３教え合い型⇒４創造探究型　学び合う集団が深まれば、おのずとどのグループ活動の場であっても、①⇒④の方向へ進化していくのではないか。
・「創造探究型」のとらえ直し。グループで常に創造探究できる子は、全体でもそうなっていくのではないか。必ずしも意見をどの子も言わなくても真剣に聞くことで、創造探究して参加しているのでは。そう考えると「子どもの姿」の中に、どんなテーマであっても「聴く」構えがあるべき。
・ビデオを撮ったので、子どもの姿をビデオでふりかえることも「子どもの姿」で見せるうえでは必要でないか。

○「子ども同士の絆が深く、あたたかな雰囲気で授業が進められていて、素敵なクラスだと思いました」ということからは、授業がこれまでに培われてきた学級の雰囲気の上に成り立っていることがわかります。こうした基盤があってこそ、本時、子ども達が真剣になって「算数する」姿が見られたのだと言えます。やはり、本時の背景となる、豊かな日常をいかにつくっていくのかが常に問われることになりますね。

○本年度からの先生は、初の Round　Study でした。もう何度も経験された先生も多くいます。そうした中でも、多くの感想にあるように、和やかに楽しく議論を深めていくことができました。本時での子ども達のグループ活動の様子と先生達の話し合いとがオーバーラップします。

資料２-２-５　研究通信「南風」（2014年５月）

校内研修だよりの発行は，教育研究の推進に欠くことができない。それは，自分たちの行っていることを文字化することによって，対象化し，振り返ることができるからである。それを蓄積していくことで研究の道筋を確認しつつ，次への一歩を進めていくことができる。また，新しく赴任してきた教師にこれまでの歩みを示すこともできる。

本校では，本テーマを掲げて研究をスタートしてきて以来，180号余りの現職研修だより「南風」を発行してきた。併せて，子どもたちに輝きメッセージを発信し続けている「輝きボード」に綴られた教師の言葉の記録である「南の風」も，2016（平成28）年度で「風力５」となり（１年ごとに風力があがる），100通余りの通信を発行し続けている。

6. おわりに――取り組みの意義と課題

(1) 日常をつくる校内研修

2年前，研究発表を行った折に，参加者からこんな声をいただいた。

○子どもも教師も素直で，とても温かく，一宮南部小学校の校風がうかがえました。そんな温かな環境があるおかげで「子どもの言葉」や「発見」が生み出されていったのだと感じました。
○配布された資料（南風・指導案集・リーフレット），また，授業自体からも，先生方の研究にかける熱意が感じられ，スタジオジブリの名作を観たときのような感動を覚えました。「ある程度のクオリティ」で満足することなく，より高みをめざされているように感じました。
○一南小の先生方が熱心に研究に取り組まれているご様子に，東井先生に通ずる思いを感じました。研究成果を一宮南部小の「学校文化」として受け継ぐためにも，持続可能な研究活動であってほしいです。

ここに示されているような校風は，現在も引き継がれている。研究発表時に私たちがめざしたのは，豊かな日常をつくっていく研究であったので，こうして研究発表時と変わらない日常が続いていることは，これまで私たちが研究や研修に取り組んできた成果であるということができる。今も，学校を訪問された方に「温かな学校ですね」「子どもたちと先生方の関係がとてもいいですね」などの言葉をいただくことも多い。

Round Study や教師による町探検など，一人ひとりの教師が主体的に働きかけなければ成り立たない研修の推進は，知を創発し磨き合うことのできる語り合いの場を学校という職場の中に生み出してきた。そして，それは，自然な形で，職員室や放課後の教室等における授業や子どもの姿についての語り合いへと広がりを見せている。そうした日常の積み重ねによってこそ，上記のような参観者の感想が生まれるのだと考える。

(2) 課題――成果をどう評価するか

「豊かさ」とか「協働性」「温かさ」などは，なかなか形としては見えにくいものである。実感はあるもののその成果を数値で示すことが難しい。また，具体的な姿や成果を捉えないまま，こうした心地よい言葉に逃げ込んでしまうこともある。

こうした曖昧さに逃げ込まないためにも，研修を進めていく上で，研修の成果を捉えるための評価計画が必要である。これまでも，それぞれの研修後に振り返りを記述し，それをまとめ，研修だよりとして発行するということはしてきている。しかし，その先の検証は行っていない。知を創発し磨き合う研修をめざし実践することが，授業改善や児童理解，研究テーマの具現にどのように生かされているのかということについての検証である。

こうした視点から研修の評価を捉えると，期間の長い研修の評価計画の必要性が見えてくる。研修の評価計画の立案は，研修全体のカリキュラム・マネジメントへと直結している。特に，2月・3月など，その年度のまとめと次年度への移行期の研修を充実させることによって（研修のゴールの明確化），1年間に研修ですべきことが明らかになるとともに，その年度の研修の成果を次年度へと引き継いでいくことができる。本校では，年度末にその年度にまとめた研究紀要の読み合わせを行い，次年度への引き継ぎとしているが，もう一歩踏み込んだ具体的な研修評価と次年度へ向けての改善が必要だと考える。円滑な継続を図り，無理のない持続可能な研修をこれからもめざしたい。

学び続ける教師の姿が学び続ける子どもを育てる。知を創発し磨き合う研修は，知を創発し磨き合う子どもたちを育てる。学校という場所を豊かな学び舎としていくためには，教師たちも子どもたちと同じように学びに向かう姿のある学校文化の形成を欠くことはできない。「主体的・対話的で，深い学び」の重要性がいわれている。子どもたちに負けぬよう，知を創発し「主体的・対話的で，深い学び」をこれからも求め続けたい。

3 カリキュラム開発を軸にした校内研修

香川大学教育学部附属高松小学校　黒田拓志

1. はじめに――研究開発学校としての校内研修

（1）本稿のねらい

本稿は文部科学省研究開発学校指定を受けた本校の校内研修のあり方をまとめている。カリキュラム・マネジメントの重要性が叫ばれ，カリキュラムづくりの主体が国から，学校に委ねられようとしている現在，本稿が研究開発指定を受ける学校はもちろん，受けていない学校にも役に立つことを期待している。

そのため，研究紀要には表出されない，本校の校内研修のあり方を公開する。ここでいう校内研修のあり方とは，ずばり，「たくましく，しなやかな研究集団をつくる」ということである。

（2）校内研修への課題意識

本校は研究開発学校指定を受けて４年目を迎える。研究開発学校は現在の学習指導要領によらない新たな教育課程の創造が求められる。私たちは，この大きな挑戦に対して，まず校内研修への課題意識をもつことになる。理念の達成のために，どのような校内研修が求められるのか。ある程度の枠組みや，方向性が示された上での研究は見通しが立ち，実施しやすい。しかし，枠組みそのものを研究の中で組み替えていくというプロセスは困難性が高く，不慣れであった。新たなカリキュラムづくりの方策がわからず苦心した。事実，研究開始当初は，「研究部が明確な枠を示してほしい」「何をしたらいいか，はっきりとした答えがほしい」「研究が迷走している」という同僚の声を聞いた。今思うと，当然の声である。「枠組み自体を少しずつつくっていく」「正解は１つではない」というカリキュラムづくりにおける校内研修の理念を十分に共有できていなかったのだ。3月に研究開発指定を受けた全国の学校が文部科学省に集まり，研究の進め方について講話をいただく機会があった。講話の中で「研究推進部だけが汗をかき，その他の先生は研究開発とは無縁という状況がよく見られる」という言葉が胸に刺さった。本校の職員の声と，講話の言葉のおかげで，「新たなカリキュラムづくりに必要な校内研修のあり方」について課題意識をもつことができた。1年目から，研究開発学校におけるカリキュラム開発を軸にした校内研修のあり方を議論し，職員間で共有することを重視した。すなわち，未開の地を開拓していく「たくましさ」，チャレンジの代償としての批判，失敗，つまずきに対応する「しなやかさ」をもった研究集団づくりのための校内研修のあり方である。

（3）2つのキーワード

1つめのキーワードは「継承と創造」である。本校は126年の歴史の中で，優れた研究文化が多分に残されている。まずは，歴史の中で暗黙知化された優れた研究文化を可視化し，それを継承することを重視した。一方で，時代は変わり，子どもも教職員も研究も変わる今，継承だけでは太刀打ちできない。そこで，たくましく，しなやかな研究集団をつくるために，研究文化の継承と今の時代に合った新たな研修体制の創造も必要不可欠であると考えた。

2つめのキーワードは「点を線に，線を面に」である。カリキュラム開発をするとは，学校に散在する「点」と「点」をつなぎ，「線」にし，その線の無数の集合体により，「線」が「面」になることであると考える。たとえば点は，1時間の授業，線は1時間の授業をつないだ単元構想，面は単元構想をつないだ年間指導計画であろう。また，点は1人の教員，線は学年団の連携，面はチーム学校としての連携であるとも捉えられる。これ以外にも，「点・線・面」は学校教育の中で多様な視点で捉えられる。授業と学校目標，各教科と領域，学習過程と教科の本質，教材と目標等々。これらの視点でカリキュラムを見直していくことで，カリキュラム開発を軸とした，たくましく，しなやかな研究集団をつくる校内研修が充実すると考えた。

2. 学校の概要と校内研修の理念

(1) 学校の概要

香川大学教育学部附属高松小学校は創立時より先進的研究を進め，地域の学校や全国へ研究の成果を発信してきた。2016（平成28）年度は，文部科学省研究開発学校指定（2013～2016年度）の最終年次として，「新領域創造活動と教科学習の2領域カリキュラムによる，分かち合い，共に未来を創造する子どもの育成」をめざした研究のまとめをしている。

(2) 2領域カリキュラムの魅力

2領域カリキュラムとは，見方・考え方を育む「教科学習」と生き方・あり方を深化する「創造活動」で構成されるカリキュラムである。

創造活動は，縦割り創造活動と学級創造活動からなる。縦割り創造活動は第1学年から第6学年の異学年集団で，年間を通した問題解決的なプロジェクト活動を展開する。学級創造活動は，個人で年間のテーマを設定し，多様な「ひと・もの・こと」と関わりながら問題解決を行う。創造活動では，多様な価値観をもった人と共感・協同しながら，自己や集団の問題を解決する活動を通して，自己の生き方・あり方を深化することをねらう。

教科学習は教科としての外国語科を含む計10教科からなる。教科の本質に迫る活動を通しながら，自己や集団の問題を解決するプロセスで，ものの見方・考え方を育むことをねらう。教科学習の学びを活かして，実社会・実生活の事象を捉え直し，自分にとって意味のある知を生み出すための見方・考え方を育むことが教科の本質である。

2領域カリキュラムの魅力はそのシンプルさにある。教科学習を学ぶこと（学問），創造活動を生きること（生活）を目的と置き，学問と生活のつながりを改めて強固にすることで，子どもたちの資質・能力を高めようとする研究である（研究内容の詳細は本校紀要参照。ここでは趣旨からずれるため詳細は割愛）。

この魅力的な2領域カリキュラムを創造し，発展させるために，継承と創造の視点で以下の5点を校内研修の理念とした。

(3) 校内研修の理念

●理念1【批判を恐れない】

褒められよう，認められようという研究スタンスでは，未来の学習指導要領改訂に影響を与える研究開発は難しい。現場や研究者が顔をしかめて批判するような内容にこそパイオニアの要素がある。「提案は振り切る」「失敗も重要な研究結果」「極端な形を追究しきることが逆に現場に役立つ」。これらは，批判を恐れず，批判を受け入れるたくましさとしなやかさの根本である。

●理念2【研究の前では人は皆平等】

先輩教員や大学教授，研究者につい委縮してしまう教員もいる。実践者としての矜持をもち，実践的経験や体験を通して腑に落ちた感覚・感性を大切にしたい。借り物の言葉ではなく，現場人の感覚・感性から出た言葉を発言することが質の高い論点を生み出す。教員経験の長短も気にしない。「誰が言ったかではなく，何を言ったか」「呑み込みすぎない」「納得しすぎない」「こだわりをぶつける」「研究者と議論する」。研究の前では皆平等である。

●理念3【易しく深く面白く真面目に愉快に】

井上ひさし氏の名言。「むずかしいことをやさしく，やさしいことをふかく，ふかいことをおもしろく，おもしろいことをまじめに，まじめなことをゆかいに，そしてゆかいなことはあくまでゆかいに」。研究は難しいが，難しさと正対し，易しく，深く，面白く，真面目に，愉快に研究を進めていくことが重要である。

●理念4【イレギュラーを楽しむ】

校内研修は想定外が山積である。忙しいときに限って生徒指導上の問題が起きる。授業では，思っていたほど子どもが乗ってこない。研究が迷走する。ただ，相手も自分も人間である。想定外があって当たり前と考え，「状況を笑いながら」「状況を楽しみながら」「試されている自分を客観的に見る」などのゆとりが必要である。

●理念5【目的は1つ，方法は多様】

山登りに例えると，山頂は1つだが，アプローチの仕方は多様である。研究も同様，教職員一人ひとりの個性を大切にしたい。多様性があるから議論は活性化する。「論を斬って，人を斬らず」すべてを一枚岩にする組織は案外もろい。

3．校内研修のシステムと手順

（1）公開授業システム

以下のPDCAの手順で授業がつくられ，研究のバトンがつながっていく。

①信念の共有（PLAN）

・年度初めに信念，基本理念，研究への心構えを共有し，個人の目標を立てる

②授業構想（PLAN）

・今までの研究の積み上げの分析（提案の背景を明記する）

・課題意識の明確化・授業構想シートの作成

③教科部会・創造部会（通称：事前の事前）（PLAN）

・同じ教科部会あるいは，創造部会の先生と練り上げる

④研究部事前研修（通称：事前）（PLAN）

・授業2週間前～研究部による事前検討会

・参加者：提案者，同じ部会の教員，司会者，他自由参加

⑤授業者による再検討（PLAN）

・子どもの姿とつなげて再検討を行う

⑥公開授業（DO）

・年間44本（各教員が領域と教科の2本を公開する）

・公立校からの参加希望者年間100名超

⑦事後討議会（通称：昼の会）（CHECK）

・事後討議（付箋やグループ交流など用いない古典的討議）

・司会者のまとめ，管理職指導，研究部長のまとめ

⑧飲み会（通称：夜の会）（CHECK）

・授業者を中心に研究，授業について語り合う

⑨付箋で物語る（CHECK）

・参観者が授業や討議を経て自分なりに意味付けたことを付箋1枚にまとめる

⑩研究通信・カリキュラム改編（ACTION）

・討議を研究に引き付け，実践を統括し，成果と次の課題を明らかにする。ま

た，授業者は実践をもとに次時，単元，年間計画などを修正しカリキュラムを改編する

（2）研究組織

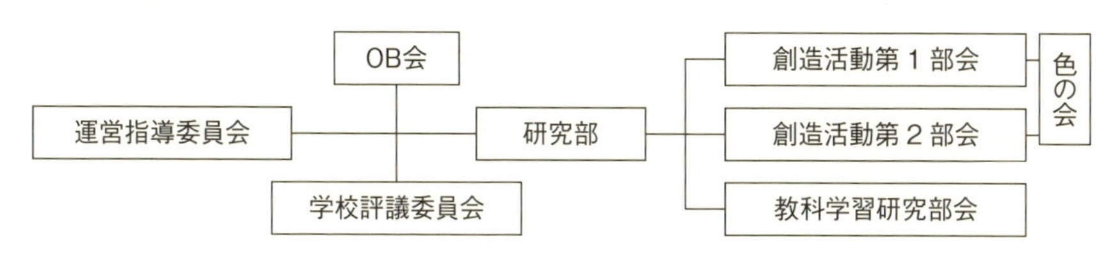

●運営指導委員会

教育行政，教育心理，カリキュラム理論などさまざまな立場の指導者，県内の教育委員会の長，公立学校の校長先生など総勢16名からなる。年間２回，授業公開，討議が行われ，カリキュラムと授業を関連付けた指導をいただく。

●学校評議委員会

附属小学校のＯＢの校長先生，研究部長，附属小を卒業した経営者，後援会会長など総勢５名からなる。年間２回指導をいただく。

●研究部

毎年５～６名からなる。研究推進の中核となる。

●各部会

教科学習部会，縦割り創造部会，学級創造部会，創造活動行事部会，創造活動常時部会に分かれる。１人の教師が３部会に所属する。研究と運営の両面からボトムアップで理論を構築していく。月１回。

●色の会

本校は１学年に緑組，白組，赤組の３学級である。縦割り編成は色ごとの異年齢集団で編成される。緑１組から赤６組の計18組である。月に１度，１年から６年の同色の教員が集まり，研究，運営両面の議論を行う。

●ＯＢ会

年間２回，附属小の元教員との食事会がある。授業の話はもちろん，附属が継承すべき研究への姿勢，研究への見方・考え方を教えていただく。

●学会，研究会参加研修

2年に1度は他校の研究会に参加するシステム。道場破りのつもりで参加し，研究仲間をつくる。参加後は出張報告を行い成果を共有する。

4. 校内研修での学びの実際――公開授業を通した学び

ここでは，2016年度に本校へ着任した教員の公開授業までの軌跡を追う。

①信念の共有

年度初めに附属高松小学校としての研究の信念を共有する。

> 魅力的な2領域カリキュラムの[理論]を創造し，その魅力を[授業]で全国に[発信]する。

この信念のもと，3本柱7項目の研究方針を共有する。

> **Ⅰ 理論研究**
> 1 創造活動の基本方針　2 教科学習の基本方針　3 理論研究への心構え
> **Ⅱ 魅力的な授業**
> 4 魅力的な授業イメージの共有　5 基礎的・基本的マナー　6 学級経営の充実
> **Ⅲ 発信**
> 7 広告塔になって本校研究を発信する

これらの研究方針を受けて，次は個々の年間の目標を設定する。新任教諭が掲げた目標は，「教科の専門性を高める」ということであった。前任校で生活科の研究を任されてきた教諭にとって，理科という教科はまだまだ深く学んではいない領域であった。しかし，附属教員として，一教科の看板を背負っていく以上，投げ出すわけにはいかなかった。理科の授業で，生き生きとした子どもの姿を見せたい。目標を掲げ，めざす自己の姿が見えてきた。

②授業構想

今までの研究の積み上げの分析を行うため，昨年の提案資料や紀要を読み，研究を理解しようと努力した。1つつかむと，また新たな問いが1つ生じる。それでも粘り強く続けることで，少しずつ理解が進んでいく。理解しはじめると自分なりの課題意識が明確になる。授業者の課題意識は子どもに問題解決を委ねられる状況をつくること。そして，そのために認識のずれを生み出すことが中心であった。提案の文言が決まると，授業構想シートを作成する。作成のプロセスで，どうしても書けない箇所がいくつかあった。それこそが，授業者が直面している課題である。「教科の本質」「単元の本質」を捉えられずにいた。

③教科部会（通称：事前の事前）

本校に在籍する理科部の教員との事前研。事前研といっても極めてインフォーマルなものである。時間も幅があり，かつ不定期であり，回数も決まっていない。授業構想が行き詰まるたびに悩みを打ち明け，助言をもらう日々が続いた。理科部の先輩教諭は，十分に話を聞いた上で毎回同じ問いを突きつけた。

○この授業を通してどのような子どもを育てたいのか。理科という教科を通してこそ求められる子どもの姿があるのではないか。

○その領域，その単元でなければならない理由は何か。今回の学びが子どもの先の学びにどうつながるのか。

○今回，挑戦したいことは何か。提案なのだから振り切ろう。

○やりたいことをやろう。ぶれずに提案し切ろう。

着任したばかりで右も左もわからない授業者にとって，これらの問いは苦しみの種となった。考え抜いた経験と，失敗を恐れずに挑戦した先に教師の論理は生まれてくる。「教科の本質」「単元の本質」を見つめ直すことを通して，自分なりの教科観が，おぼろげながら見えてきた。

④研究部事前研修（通称：事前）

いよいよ研究部事前である。本校の研究部事前は締めすぎない。極力，提案者の課題意識に寄り添い，実験的で挑戦的な取り組みを応援する。新たなカリキュラムの開発には正解がないからである。研究部は提案者の思いを汲み取った上で論を整理し，代案をいくつか示していく。提案者がいちばん勝負したい主張は何か，新しさは何か，この提案が本校の研究のどのピースを埋めることにつながるのか。まずは提案者の意図が語られたが，思いに比して具体策を示すことができず，提案と呼べるものにはならなかった。また，単元に入ったばかりで実践が進んでおらず，教材への関わりの深さが足りないことが指摘された。事前研では主に以下のような修正が行われた。

○単元の課題の内容および子どもとの共有の仕方を再検討すること
○これまでの単元構想との違いを明確に示すこと
○教材設定の意図や教材がもつ魅力についてしっかりと述べること
○教材をさらに掘り下げ，教科としての学びを成立させること

思いを伝え切るだけの言葉が出てこなかったことの悔しさと，自らの見通しの甘さへの自責の念。新たな自問自答がまた始まった。

⑤授業者による再検討

授業者は，子どもの姿を見ながら，提案を少しずつ修正していく。与える課題から，子どもとつくる問題へ。忙しい日々の中で何とか時間を見つけながら，事前研で指摘された箇所の修正，吟味，再考を行っていく。主張以外のところで足をすくわれないよう，教材研究と予備実験を繰り返した。提案との整合性，子どもの意識の流れ，教師の出番，時間配分等，考えなければならないことがいくつもあった。多様な解の中から最良と思える着地点を探っていく。

腹が決まった時点で，理科部の先輩の元を再び訪れる。今度は相談ではなく決意表明だ。「これでいきます」。最後の落としどころは自分で決めた。

⑥公開授業

公開授業は，全職員の参観のもと行われる。参観者は，できるだけ子どもに近い位置で参観し，子どもの学ぶ姿を中心に据え，提案の成果と課題を意味付けていく。さまざまな場面での子どものつぶやきを拾っていくことで，子どもが何にどう感受し，どのようなこだわりをもって問題解決に取り組んでいるのかを見て取っていくのである。参観者は傍観者ではない。授業に対する自分なりの批評を交え，成果と課題を浮き彫りにしていく。年間 40 本を超える公開授業を通して，本校の論は少しずつ構築されていく。

本時，授業者の表情は明るかった。子どもの学習意欲も高く，軽妙なやりと

りを交わしながら導入が進んでいく。子どもの側に寄り添った，柔らかい授業のスタートである。しかし，中盤に入った頃，授業の様相が少しずつ変わっていく。活発に発言する子どもがいる一方で，乗り切れない子どもの姿がある。自由で多様な発言が続き，本時，解決すべきだった問題が見えにくくなる。周囲の心配をよそに，授業者はあえて修正を行わなかった。授業者が求めていた，主体的，共感・協同的な姿がそこにはあった。ただ，「解は多様でいい」と主張しながらも，単元の本質に迫れたのかどうか，本時のゴールに向かえたのかどうか，その時の授業者にはわからなかった。準備や想定は大切である。しかしながら，どんなに構想に時間をかけていたとしてもそのとおりにはならない。「授業は水ものだ」。先輩の言葉が脳裏に浮かんだ。

⑦事後討議会（通称：昼の会）

授業が終わると，その日のうちに事後討議会が行われる。ここでは司会者のコーディネートのもと，挙手制による活発な討議が行われる。主には提案の柱に沿って話が進んでいくが，時としてフロアの教師のこだわりによって，新たな話題が提供されることもある。討議の終了時には議論の内容を司会者が整理し，管理職の指導を経て，研究部長のまとめが行われる。

この日の授業討議では，子どもへの「委ね」が成立する条件について議論された。言うまでもなく委ねは放任ではない。教師が領域または単元の方向目標を概観した上で，子どもたちのそれまでの学びのプロセスを個別に把握して初めて成立するものである。本時の中盤で見られた混乱は，授業者が本領域または本単元の知の構造を十分に整理しきれていなかったために起こった，いわゆる「委ねきれなかった」状態である，という結論となった。ほかにも教師の語りの多さや板書の不備など，さまざまな点が指摘され，討議会は終了となった。

しかし，見通しの甘さに反省はしながらも，授業者はフロアの質問に対して回答し，主張を続けていく。誰よりも教材に惚れ込み，子どものよさを見取り，時間をかけて準備したという誇りが感じられた。新任教諭が少しずつ本校の同志になっていく。授業者にとって，授業および討議は自分自身を成長させるための最高の機会である。

⑧飲み会（通称：夜の会）

夜の会では，おいしい料理を囲みながら，授業者の労をねぎらい，また次の授業へのエネルギーを充填する。討議で話し切れなかった授業者の本音や提案に対する思いなどが赤裸々に語られ，そこからまた新たな討議が始まっていく。話題の中心となるのはもちろん授業者だが，場合によっては授業者以外の教師同士が，昼の会で伝え切れなかった思いを互いにぶつけ合い議論を続けていく。一見，時間の無駄のようであるが，決してそうではない。授業で見せることの苦しみを共有している仲間だからこそ語り合える言葉があり，わかり合える心がある。提案授業ほど苦しいものはない。これは，我々の誰もが感じている共通の思いである。提案に魂を込めた授業者の思いを分かち合うことを繰り返しながら，本当の仲間になっていく。提案授業は駅伝のようなものである。提案のたすきを受け取り，次のランナーへとつないでいく。走路は常にでこぼこで，どこまで行っても上り坂である。沿道で手を振る人はおらず，ただひたすらに，孤独なランナーは走り続けていく。それでも，子どもたちの明るい未来をつくるために，私たちはどこまでも理想を追いかけ，これからもまた日々悩み続ける道を選びたい。初めての大きな山を乗り越えたにもかかわらず，授業者は淡々としていた。理由を聞いてもはっきりとは答えない。おそらく次の道が見えはじめてきたのだろう。新任教諭の挑戦は，まだまだ始まったばかりである。

⑨付箋で物語る

当日の事後研の際につづられた教師の付箋である。

「教材の吟味，発問の吟味，子どもの状況の吟味，何が必要で何がいらないか。これまでの教科学習とは違い，精査することで教科学習の質を高めていく」

「教師の子どもへのゆさぶり→子ども同士のゆさぶり→その中でこそ見方・考え方を含め，評価の４観点の姿が見える」

この付箋は討議で語れなかった内容が番外戦のように書かれるのではなく，

上記のように提案授業に対して，討議をふまえて思ったことや，自分の課題と向き合った内容がつづられる。

⑩研究通信・カリキュラム改編

研究部で以下のような通信が出された。

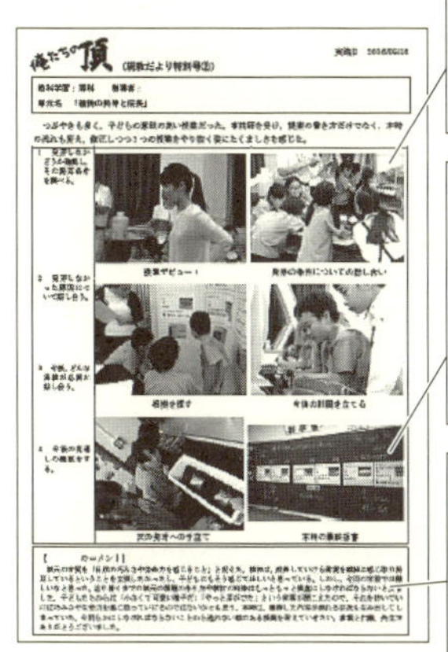

授業の流れに沿って項目立て，写真で様子がわかるようにする。

授業技術の基礎基本を大事にすることを意識できるような項目も意図的につくる。

実践を終えた授業者からの言葉を載せ，研究のバトンをつないでいく。

授業者の提案をそのまま載せ，話題を焦点化させる。

提案の概要と，授業での子どもの姿にふれ，提案内容について検証し，研究とつないでいく。

成果と課題や外部指導者を招いたときは指導内容を載せ，提案をまとめる。

本提案の主張は，「問題解決の方法（迫り方）を子どもに委ねる場面をつくる」「認識のずれを生み出す単元化，教材の工夫を行う」の２つであった。どこまで教師とともに取り組み，どこから子どものみで取り組むのか明確でなかったことが課題であった。問題点が焦点化されるまで教師とともに問いをつくり，多様で複雑であることも教材として想定した指導や環境づくり，単元計画を行えば，子どもたち自身で条件制御が期待できたかもしれない。また，本単元でどのような子どもをどこまで育てたいか想定することが重要である。資質・能力を教科学習で直接養うことは困難である。単元同士のつながりをふまえ指導していくことで，子どもに連続した学びを保障できる。教科の本質を明確にし（教材研究），それを活かせる授業づくりを行い，表出された子どもの姿を評価し，指導・支援に活かしていく大切さが確認された。このように，現教だよりにおいて，実践者の提案の意図を汲み取りつつも，議論をふまえ成果と課題を明確にしつつ，次の提案につないでいくことができた。

5. 学びを深めるポイントと研究通信Q&A

研修システムを整備するだけでは「画竜点睛を欠く」である。ここでは竜に魂を吹き込むまでの点睛を公開する。今までの研究過程で私たち自身が悩んできた10個の問いに，今の自分たちが答える「研究Q10」である。

●Q1：討議活性化のポイントは？

A：全国の動向を見渡すと，討議会もアクティブ・ラーニングの影響を受けています。付箋を使ったり，グループワークを取り入れたり，ワールドカフェ形式をしたり……。しかし，本校はあくまで古典的な討議です。司会がホワイトボードを使ってコーディネートし，言いたい人が挙手をして発言する形です。結論から言うと，議論は無理して活性化させなくてもいいということです。言えない人はまだ言う時ではないのかもしれません。言えないことを悔やむ経験をし，勉強していくと言えるようになります。発言をして，失敗した人はそれを悔やみ，また勉強すればよいのではないでしょうか。付箋に書いて時系列で授業分析をすると，授業の背景にある単元や学校のカリキュラムとの関係が見えづらくなります。グループワークをすると，自分の発言の責任が薄れがちです。討議は武道です。一対一で自分の言葉に責任をもって授業者と対峙する，古典的な討議こそ本質だと考えています。全員がしゃべる討議は，無理やり実現させるものではないと思います。

●Q2：飲み会文化は古くない？

A：飲み会ではなく，ディナー・ミーティングという表現に変えたらどうでしょう。事実，お酒を飲む職員より飲まない職員の方が多くいます。本校は伝統的に授業者を慰労する会を飲み会として行ってきました。とはいえ皆さん忙しいので，ご飯を食べて言いたいことを言って途中で帰る人，仕事を終わらせて途中から参加する人など，いつでもウェルカム方式です。当然，無理して参加するものではありません。皆さんが肩の荷を下ろし，授業者の苦労から学ぼうとする楽しい会です。先輩の失敗話や武勇伝にふれると今の悩みが少し楽になります。そうして何度も同僚と話し合い，よりよい関係を築いています。

●Q3：附属に10年は長くない？

A：在任期間を短くして，回転率を上げるよさもあります。カリキュラム・マネジメントが叫ばれ，学校裁量が増えてくるこの時代，カリキュラムと授業をつなげることが求められます。若い先生は授業に目がいきがちです。しかし，在籍が長い先生はカリキュラムについて考えることが多いようです。よくベテランの先生が「うちの学校の教育はね……」という言葉を言います。これは，まさにカリキュラムレベルで学校教育を考えている証拠です。若い先生は先輩教員の背中を見て育っていきます。

●Q4：若い先生方を本気にさせるには？

A：役割と責任を与えることだと思います。私たちは，できるだけ若い先生方に，トップをお願いしています。外野から見ているときと渦中で業務を執行するときの意識は雲泥の差です。本校は特に2年目の先生方に大きな役割を与えます。部会のキャップ，実習生への師範授業などです。部会のキャップは調整も含め，多くの人と関わったり，矢面に立ったりします。その中で汗かき，恥かき，べそかき，文章をかき，成長していきます。

●Q5：研究はトップダウンが必要？

A：トップダウン方式で効果が出るのは，正解が定まっている課題のみではないでしょうか。これからの教育改革は何が正解か常に議論が必要です。このような混沌とした時代は，トップダウンとボトムアップの両輪が大切だと考えます。理念，方向性，共通理解された枠組みはトップダウンします。新たな方法，革新的枠組みは授業と提案を通してボトムアップで主張します。このバランスが研究部だけでなく，職員一同で研究開発に取り組めた重要なポイントだと思います。

●Q6：毎年カリキュラムを修正することは非効率的？

A：毎年同じことをやっていては必ず停滞する。この哲学のもと，毎年のようにカリキュラムを加筆・修正しています。修正することは共通理解や事務作業に手間も時間もかかります。しかし，その手間や時間こそ，改めて職員のわかり直しを要求し，全員参加を保障します。また，修正によって費やした手間や時間は，その修正がよいものなら，後々確実に回収できるものです。内心納得していないカリキュラムを決定事項として保存し，職員の不満がたまってしまうより，スムーズに研究が進むと考えています。

●Q７：外部講師との関わりは？

A：校内での研修には限界があります。本校の伝統として，外部講師の方に積極的にご指導をいただく機会を大切にしています。さらに，こだわりポイントとして，講師の先生方には，長く関わっていただいています。長期的に見ていただくことで，学校全体の様子，子ども，教員の変容を点から線，線から面で捉えていただいています。そのため，若い講師の方も積極的にお呼びし，ご指導をいただいています。さらには，研究を多面的，多角的に見ていただけるように，教育心理学，教育行政，教科教育，カリキュラム研究，評価研究などさまざまなお立場の方をお呼びしています。

●Q８：校内研修での学びを深めるためには？

A：この問いの答えには絶対的正解がありません。本稿で述べていることすべてが私たちの現段階での答えだと思います。その中でもいちばんと問われたら，私たちは，職員の分かち合いを挙げます。「論を斬って，人を斬らず」の言葉が象徴するように，私たちは侃々諤々（かんかんがくがく）議論をしますし，教育観や指導観，子ども観をさんざんぶつけ合います。しかし，それはその人の論を斬っているのであり，その人の人格を斬っているわけではありません。どんなに議論し，激しく批判し合っても，私たちは仲間に常に敬意をもっています。喜びも悲しみも分かち合う土台があります。

●Q９：分かち合うためには？

A：一人ひとりが役割と責任を自覚しています。信じてお願いして，達成したらみんなで慰労し，お祝いします。１年目の先生には１年目の苦しさ，10年目の先生には10年目の苦しさがあります。また，「研究には絶対的な答えがない」ということを繰り返し伝えています。これを繰り返しながら，体力のある研究組織をつくっていきます。

●Q10：研究通信とは？

A：研究通信は，リレーに例えるなら，走者から走者へうまくバトンパスができるためのツールであり，走者が走路を外れないように交通整理をするための案内役であると言えます。そのために，提案者の意図を汲み取り，また実際の授業の子どもの姿から，提案内容を振り返り，今後の課題提供や共通理解を図るために作成しています。

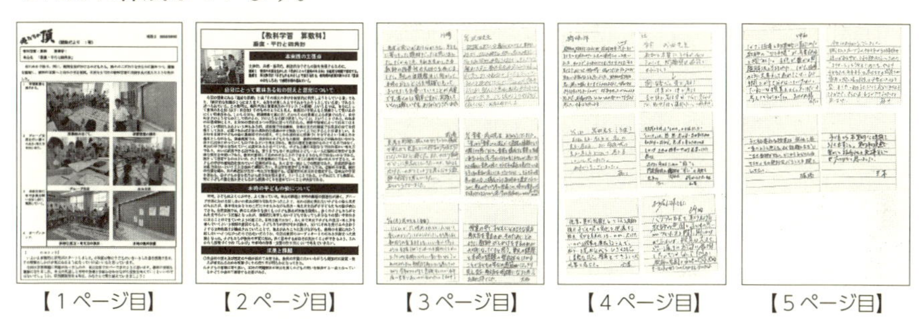

【1ページ目】　【2ページ目】　【3ページ目】　【4ページ目】　【5ページ目】

1ページ目に授業の概観を示します。時系列で写真を並べ，授業の様子，環境・状況づくり，板書などがわかる構成をします。これは，私たちが新しさだけを求めるのではなく，発問，板書，教具，席の配置，教師の立ち位置など，授業を成り立たせるための基本的な授業技術も大切にしているからです。いちばん下の段には，授業者からの「実践を終えて」のコメントを掲載します。授業者からの反省点や次につないでほしい課題点など，実践したからこそわかること・見えることを貴重な研究知として共有します。

2ページ目は提案の検証をします。提案と実際の授業の様子，事後の討議をふまえながら2項目を立てて検証します。提案者の意図を明らかにして研究を深めることが第一義です。提案の内容や実際の子どもの様子，討議での受け答えなどを材料に，提案と子どもの姿，本校のカリキュラムを関連付けながらまとめていきます。

3ページ目から5ページ目にかけては，付箋に書かれた各先生のコメントを掲載します。これは，討議で発言できなかった内容を書いたり，討議のために事前に用意したりする付箋ではなく，個々の考えを共有していくことで，互いの主張を比べたり，変化を意識したりできるための付箋です。

このように，研究通信を実践記録で終わらせず，先生方をつなぐ役割も担っていけるよう，成果と課題を明確にして，全実践に対して発行しています。

6. おわりに――取り組みの意義と成果

(1) 継承と創造の妙

研究開発指定を受けたからといって，早急に今までのやり方を見直すことはない。とはいえ，今までの形式で同じことをやり続けることもない。新しいカリキュラム編成が各学校で求められる今，改めて継承すべき点と創造すべき点を明確にし，点を線に，線を面にしていくことが肝である。私たちは，初めは目に見える形式的なところを継承と創造で仕分けをしていた。しかし，研究を進めていく中で，目に見える形式的なところだけでなく，目に見えにくいその学校のスピリッツのようなものが浮き彫りになってきた。それは創造すればするほど見えてくるものだった。たとえば，討議のあり方を変えようといろいろな形式も試した。しかし，職員の反応は薄く，議論ものっぺりとしたものになった。ディナー・ミーティングも縮小しようと試みた。しかし，逆に息抜きする場，本音や弱みを吐露する場がなくなった。急進的な改革をした後，その結果を検証し，過ちであれば，朝令暮改も恐れず，変更していく覚悟が継承と創造を継続していく妙であろう。「いろんなこと試したけど，これとこれとこれは結局残ったね！」こんな具合で残ったものこそ，その学校のスピリッツである。

(2) そして残ったもの

究極のスピリッツは，「子どもを学びの中心に据えること」だ。126年の歴史の中で，常に子どもを中心に据え研究を進めてきた。基盤となる理論も社会的構成主義を重視し，子どもが学ぶとはどういうことかを追究してきた。討議の場ではいつも子どもの事実をもとに議論した。子どもの姿をもとにする議論は客観的であり，全員参加が可能である。どんなに美辞麗句を並べても，子どもの姿で見せられなければそれは失敗である。経験主義か系統主義か，授業研究かカリキュラム研究か，ゆとりか詰め込みか，教えるのか，考えさせるのか，資質・能力か内容か，教科か領域か……。教育界にあふれる多種多様な二項対立の中で，時代や論争に振り回されず，中道を保つ本校。中道を保つことができる思想こそ「子ども中心」である。議論の中心に子どもを据えると，二項対立は極めてシンプルで合理的な答え「どっちも大切」に落ちる。

(3) おわりに

研究初年度，学校で聞こえてきた「わからない」「枠がほしい」「何をすればいいのか」という職員の痛切な言葉。4年間，附属の研究の継承と改善，点・線・面のつなぎを地道に行うことで，そのような言葉が「この学校で研究ができることがうれしい」「本校の研究のもと3つの資質・能力が養われてきていることを実感する」「研究開発をする中で新しい教材に挑戦し，子どもの可能性を見いだすことができる立場に置いていただいていることに感謝している」という言葉へと変わってきている。4年間で大きく変わってきたことは教師の意識にほかならない。そして意識は一朝一夕では変わらない。私たちは正解のない問題に悪戦苦闘しながら，時には個の力で，時には仲間の力で，いくつもの壁を乗り越えてきた。経験の長短を超え，みんながその年代ごとの苦しさに対峙する中で分かち合いの精神が生まれ，徐々に子どもの成長という目に見える効果を実感し，職員の意識は変わっていった。連綿とした物語の積み上げである。本校では職員室だけでなく，廊下で立ち話をしている教師たちの姿も多く見られる。短時間の対談の中に大変深いものがある。未知なる道を進むために，一人ひとりが教えを乞い，教えを与える。本校がめざす資質・能力，「学び続ける力」「関わる力」「創造する力」が育まれ，「たくましく，しなやかな研究集団」になってきたのである。

我々研究部は附属の伝統を壊すことを恐れた小心者の集まりであった。しかしながら，今の教育改革においては，小心者でよかったのかもしれない。頼りない研究を，多くの優れた実践が支えてくれた。我々はその優れた実践の何が優れていたのかを一般化し枠をつくっては壊す作業を繰り返し，校内の点を線にし，線を面にしてきた。カリキュラム開発を軸とした校内研修の見直しによって本校の研究はつくられてきたのである。しかし，今できあがったこのシステムやカリキュラムを固定化し，その価値をトップダウンで伝えるようになると附属高松小学校は衰退するだろう。これからも，附属の研究文化を継承し創造することで常に「たくましく，しなやかな研究集団」であり続けたい。

4 教師が共に育ち合う学校づくり

京都府京都市立高倉小学校　岸田蘭子

1. はじめに

学校の抱える一つの問題に教員の大量退職にともなう職員室の若年化，ミドルリーダーを含む中堅教員の薄層化がある。本校も年々，若年化が進むとともに，教員の入れ替わりが激しく，成熟した組織としての持続性や，組織としての知的財産の効果的な活用が課題となってきている。今やどの学校でも，優秀な人材をいかにそろえるかといった人事構想にたよることはできない。自校で人材育成し，組織を活性化させることを学校運営方針の一つとすべきであろう。

しかも，学校規模や学校環境によって，人材育成の方法も多様である。

本校は，全校児童700名を超す大規模校になりつつある。各学年3～4学級の規模である。また，児童を取り巻く背景もここ数年変化が見られ，元番組小学校を系譜とする歴史と伝統の町，京都のど真ん中の地域性を有しつつも，それをルーツにもつ家庭ばかりではなく，全国各地や他国からの転勤族の転入層がある程度の割合を占めるようになってきている。7学区元5校が統合して20年を経過した歴史をたどると，創設当時より，地域や家庭の期待度も高く，常にフラッグシップとしての使命を帯びた学校は，授業研究を中心とする，指導力に優れ志の高い教職員集団により，長い研究の成果をあげてきた学校であることは言うまでもない。しかし学校は，「生き物」である。過去の財産に甘んじているだけでは，やがてその輝きは失せ，時代遅れのものになってしまう。しかも，更地にものを建てるのはたやすいが，旧家の伝統ある造りを維持しつつ，強靭にリフォームを施していくことはなかなか難しいものである。時代の流れを読みつつ，流行を先取りしながらも，本質をはずさない教育のあり様を求めなくてはならないからである。しかし，これらのことを悲観的に捉えるのではなく，前向きにすべて「強味」として捉えるなら，どんな時代にあっても，どんな変化があったとしても，新しいものを創造する楽しみに変えられると信じている。なぜなら，校長の私ひとりで学校をつくるわけでもなければ決して，「孤独」でもないからである。

まずは，学校には素晴らしい宝物である「子ども」がいる。そして，可能性を秘めた教職員集団がある。そして，地域には特色ある輝きを放っている教育資源・人的資源がある。これまで築かれてきた財産やネットワークがある。

これらを与えられた時間の中で，最大限のパフォーマンスが発揮できるよう成果をあげていくことが校長の使命である。自分が教壇に立ち学級担任をしていた時代から，学校運営を担う管理職になってからも，「みんなで一つのことを極めたい」という同人意識が組織を支えるのではないかと考えてきた。この同人意識は，協働体という組織を生み出し，共に育つ集団となり，一つの学校文化をつくりあげていく。

そのためには校内でどのような研修を行うかが大きなカギをにぎっている。本稿では，本校が「教師が共に育ち合う学校づくり」をめざして，どのようなプロセスをたどったかを紹介してみたい。

まずは，学校の特色や課題を整理し，**学校経営方針と研修の理念**を提示することである。やみくもに手当たり次第に研修をしても，教職員は消化不良を起こすか，自家中毒に陥って，内容を受け付けられなくなってしまう。

次に，この作業を行うにあたっては，複数のヘッドミーティングが必要である。いわゆる企画会議である。キーパーソンを誰にするのか，誰にどのミッションを与えるかでほぼプロジェクトの成功の可否が決まる。また，外部のサポートとして，行政や大学など，誰に入ってもらうかも視野に入れておくことが必要である。

そして，内容が確定すれば，それをカレンダーに落とし込んでいく。ここで校長はリーダーシップを発揮し，いつまでに何がどのように進行しておればよいのか明確に指示を出さないと混乱を生じかねない。すなわち**校内研修のシステムと手順**を明確にすることである。

研修のファシリテーターや実践の分析，課題の整理は思い切って，若手にも任せてみる。失敗したとしても身内のことである。身内同士でカバーし合えばよい。さらけ出すことで，勇気がもてる。人は知恵と勇気があれば，たいていのことは乗り越えられる。あとは，**研修での学び**を一人ひとりの教職員が自分の育ちとしてどのように実感し，自分の伸びしろを見つけられるかである。どんな若い教員でも，自分のめざす道が見えてくれば，自分の足で歩んでいくことができる。それぞれ，得意な分野もあれば苦手な分野もある。１人でできないことは，誰かに支えてもらう。自分が助けられることは惜しみなく，その力を拠出する。リーダーシップと同時にフォロワーシップが磨かれる。そんな組織づくりを，そんな学校づくりをめざそうと考えたのである。

2. 学校の概要と校内研修の理念

本校は，校内研究を学校経営の柱として教育実践を進めてきた学校である。近隣の御所南小学校と京都御池中学校で２小１中の小中一貫教育を推進している。その基盤として読解力の育成をめざし，各教科の授業研究を進めてきた。

2013（平成 15）年度より，高倉小学校は，京都大学田中研究室と共同研究を行ってきた。算数科を中心にパフォーマンス課題による単元構想とルーブリック作成について数多く授業実践を重ね，研究成果をあげてきた。この間，このような授業研究を通して，教員に培われたものの一つに「単元構想力」がある。

若い教職員は研究授業となると，切り取った１時間の学習指導案の作成に埋没してしまい，学びの全体像を俯瞰することができずにタイムオーバーしてしまいがちである。授業づくりは，単元づくりからというベーシックな授業研究を重ねてきたことは，１教科の単元構想力にとどまることなく，教科横断型の単元開発や，他教科他領域にまたがる全教育課程を俯瞰し，マネジメントしていくカリキュラム・マネジメント力の育成にもつながっている。校内での学年間の連携，教職員間のチームワークがなければ個人芸から学校の財産にはなり得ない。このように教職員の横糸の強さは絶大である。また，本校のもう一つの強味として，多くの歴史や伝統文化に恵まれた教育資源があることに加えて，地域力による学校運営協議会＝コミュニティスクールの存在があげられる。教育課程における地域の教育力は多大である。さらに本校の場合には，このコミュニティスクールの組織に学識経験者として京都大学の教員および院生が参画していることも大きな特徴である。これらをコーディネートする力も教師には求められ，授業構想に反映せざるを得ない環境にある。教員の異動があっても，コミュニティが縦糸となり，上述の教職員集団の横糸とが織り合わさって，実に上質で頑丈な織物に仕上がっていくのである。

できあがった織物の手触りや光沢は，ここで経験したものにしかわからない至上の喜びである。１本１本の糸は，日々の教師の営みであり，子どもの成長である。毎年，毎年，違った模様の違った織物が織られていく。地域に支えられた学校は，それを大切に財産として守ってきた。そして，いつも新作の織物を織り続けていくのである。その織手の腕をあげていくのが研修の役割である。

3. 校内研修のシステムと手順

本校では，校内研修を校内研究・経営研修・人権研修・生徒指導研修・健康教育研修をはじめ，いくつかの柱で企画している。また，全員参加の研修もあれば，若年研修のように対象をしぼった任意研修も行う。88ページの図2-4-1は，本校の校務分掌表である。毎年，4月当初にこの分掌表は提示される。例年どおりでほとんど変わりない分掌表を提示する学校も多いが，組織運営に関わることなので，毎年の見直しは絶対に必要である。今日的な課題はどこで解決するのか，どの分掌にどの仕事を任せるのが効果的か，どの分掌に何人配置するのが効果的であるか，どの分掌長に誰をあてるか，どのような研修を企画させるのか，いわば学校運営の羅針盤である。そして，多様な関わりが生まれる組織にすることがポイントである。学校運営，人材育成の成功のカギはほぼ校内人事と年度当初の分掌の明確なミッションの自覚にある。この組織が中核となって，年間の研修計画にそって校内研修が展開されていく。（表2-4-1参照）

このように，教務主任・研究主任のみならず，実に多様な者が入れ替わり，研修のイニシアチブをとり，リーダー役をこなしていく。これ以外にも指名があれば，中心となって研修役をつとめる。リーダーとしての素養もフォロワーとしての素養も自ずと育っていく。まさに校務分掌表に命が吹き込まれていく。

表２-４-１　高倉小学校年間研修計画

月	内容	担当
4月	経営研修（学級びらき・学習規律の確認）	研究主任【研究推進委員会】
	研究の方針（研究テーマ・研究仮説・研究計画）⇒ノート指導・板書【各部会（算・読・英・道）・ＮＩＥ委員会】	各部長
	健康教育研修（健康教育方針・学校保健計画＜保健・給食・安全＞	保健主事・養護教諭・栄養教諭・安全主任
	人権研修（人権教育方針・人権教育年間計画）⇒	人権主任【各委員会】
	生徒指導研修（年間方針・年間計画）	生徒指導主任
	「高倉小の教育」保護者向けリーフレットの配布	教務主任
5月	人権研修（各委員会の方針・年間計画）	人権主任
	校内研究（各部会の研究テーマ・研究内容・授業研究計画）	研究主任
	校内理論研究（講師を招いて　ワークショップ参加型）	研究主任
	ＯＧＴ（小中一貫教育）プロジェクト（各部会ごとに指導案検討）	研究主任
	学校運営協議会拡大推進委員会	副教頭
6月	人権研修（講師を招いて）	人権主任
	校内授業研究　【道徳全体授業】【算数部会授業】	研究主任・道徳主任・算数主任
	校内授業研究　【読解科全体授業】	研究主任・読解主任
	ＮＩＥ研修	ＮＩＥ主任
	若年研修（学級経営にかかわること・研修したい内容と研修計画）	副教頭
	ＯＧＴ（小中一貫教育）授業研修会	研究主任
7月	若年研修（水泳実技研修）	副教頭・中堅教員
	校内授業研究【英語全体授業】【算数部会授業】【読解科部会授業】	研究主任・英活主任・算数部長・読解部長
8月	各研究会任意研修	
	ＯＧＴ（小中一貫教育）合同研修　（研究発表会に向けて）	研究主任
	生徒指導研修（クラスマネジメントシートの検証）	生徒指導主任
	学校評価研修（中間学校評価の検証）	副教頭
9月	校内授業研究【道徳部会授業】【英語部会授業】	研究主任・道徳主任・英活主任
	校内授業研究【算数科全体授業】	研究主任・算数部長
	ＯＧＴ（小中一貫教育）プロジェクト（研究発表会指導案検討）	研究主任

	教育実習生受け入れ	教務主任・各学年
10月	経営研修（後期学級びらきに向けて）	
	校内授業研究【読解科部会授業】	研究主任・読解部長
	校内授業研修（他教科における読解力基盤のパフォーマンス課題による授業）	研究主任・家庭科主任
	若年研修（学校事務・給食指導・清掃指導）	副教頭・事務職員・栄養教諭
11月	ＯＧＴ小中合同研究発表会　各部会公開授業・研究協議会・講演	
	校内研究（読解力を中心とするカリキュラム・マネジメント）	読解部長
	管外出張報告　（道徳主任・栄養教諭・理科主任）	
12月	校内授業研究【道徳部会授業】【算数部会授業】	道徳主任・算数部長
	学校評価研修（後期学校評価をうけて）	副教頭
	生徒指導研修（後期クラスマネジメントシート）	生徒指導主任
1月	総合育成支援教育研修（ＬＤ通級指導・弱視巡回指導について）	
	校内授業研究【道徳部会授業】【算数部会授業】【読解部会授業】	道徳主任・算数部長・読解部長
	若年研修（学級経営について）	副教頭
	人権教育研修【社会科全体授業】	研究主任・授業者６年
2月	校内研究（研究単元のパフォーマンス課題とルーブリックの再検討）	研究主任・算数部長
	校内授業研究【英語部会授業】	研究主任・英活主任
	教育課程見直し　（教務主任・研究主任・読解部長・図書館教育主任・事務主査）	
	健康教育研修（食に関する指導の授業）	栄養教諭
	採用前受け入れ	教務主任
3月	管外出張報告　（英語活動主任）	
	学力テストの分析と考察	研究主任・各学年
	校内研究（年間反省）	研究主任
	人権研修（年間反省）	人権主任
	総合育成支援教育（個別の指導計画引き継ぎ）	総育主任
	若年研修（年間振り返り）	副教頭

（※□は主に研修の主体となって企画立案・リーダーの役割）

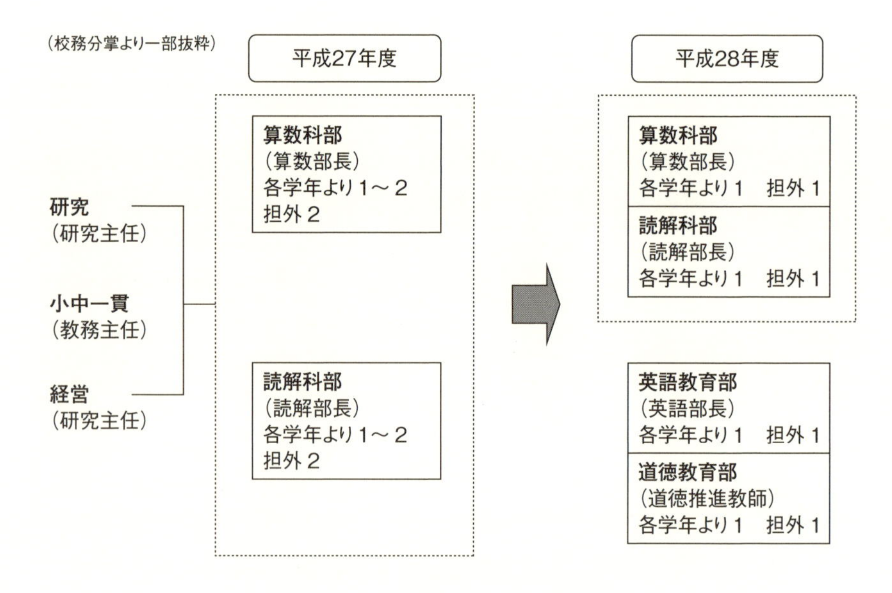

図２-４-１　高倉小学校校務分掌表

4. 校内研修での学びの実際

（１）授業研修を中心とした校内研修

●研究授業にいたるまで

研究授業のベースに乗せるためには，一定の統一感のある授業を可能にするためのシステムをしっかりつくる時間は必要である。型にはめるのではなく，子どもが混乱しないためのより効果的な授業システムとして，ノートや板書，学習形態や教室掲示，基本の授業の流れなど，個人芸に終わらせず，共有財産として保有する。研究授業を通して，先生たちにつけてほしい力はどのような力だろう。授業力，評価力，単元構想力，カリキュラム・マネジメント力とさまざまである。本校では，１人につき公開授業を年間２回以上してもらうことにしている。若年教員も多いので，経年次研修も含めて，いろいろな人に授業を見てもらうことで指導力が確実に向上する。また，互いに授業を見せ合うことで，授業を見る視点いわゆるツボがだんだんわかってくる。また，同世代の教員が授業をすることは，たとえ学年が異なっても刺激になり，切磋琢磨する雰囲気は必ず生まれてくる。とはいっても，学習指導案を１人で作成するのはかなりのエネルギーと負担である。しかし，学校の規模が救ってくれる。学年が３～４クラスあれば，チームで考えることができる。事前授業を他のクラスでやってもらえば，改善に改善を重ねて本番の授業ができるわけである。

１年の中で，先生たちの授業力がぐんと伸びることを実感できるのは，研究発表会前の１か月である。事前授業を通して，これまで話してきた授業で何を検証したかったのかが見えてくる。総力あげて作成した指導案で授業を重ねるのだから，授業者も見る方も必死である。展開の時間配分はこれでよかったのか，発問や活動の指示は的確か，十分に考える時間は保障できたのか，板書や掲示物はあれでよかったのか，改善点は山ほど出てくる。授業を重ねるたびに授業が良くなっていくことを実感できる。研究の視点が広がるにつれて一皮むけた感じがする。何度もこれを経験すると日常の授業にも必ず反映されてくる。

●授業者がいちばん得をする

誰しも研究授業を引き受けるとなると，緊張もするし，どれだけ負担になるかが頭をよぎる。しかし，研究授業を経験した者は必ずいちばん得をする。みんなが自分の授業を通して，一緒に考えてくれる。そして，その恩恵を受けるのは，授業者本人はもとより，その授業を受ける子どもたちである。良い授業を通して，子どもは育つ。多くの人の意見で十分に練られた授業は，子どもは肌でそれを感じ取る。一生懸命考えて，それに応えようとするのである。教室で繰り広げられるドラマティックなその時間が，授業者・子ども・参観者で共有されるのである。人に授業を見てもらうことや人の授業を見ることでポイントがわかってくる。授業づくりのおもしろさがわかってくるのである。うまくいけば，またがんばろうという励みになる。うまくいかなくても，もう一度チャレンジしようとする意欲に変わる。授業をして損をすることはまずない。校内でそれを多くの者が経験することが大事である。「次は私の番だ！」と楽しめる空気感が必要である。絶対に研究授業から逃げ回る教職員集団にしてはいけない。研究授業者を孤立させてはならない。

授業の準備から，事後の振り返りまで，チームでの協働意識を大切にする集団づくりが大切なのである。

●事後研究会で学ぶこと

研究授業の質も大事であるが，事後研究会の内容の質も大変重要である。

指導助言の立場の先生が「授業もさることながら事後研究会の先生たちの意見が素晴らしかったですねえ」と言ってくださると，うれしいものである。授業がうまくいく，うまくいかないよりもむしろこちらの方が大事かもしれない。

事後研究会は，人数が多いと発言回数が限られてしまうことも多いので，参加型のワークショップ形式をとることが多い。ここでは，なるべく経験の浅い者から発言をする。子どもの授業と同様に，はじめに主任クラスが発言してしまうと若年の先生は何も話せなくなってしまいがちである。一番に口火を切ろうと思うと，何を言えばよいのか困るかもしれないが，事後研究会を経験していく中で，授業を検証するポイントがわかってくる。他の人の意見も聞き漏らさず，しっかり聞いて次に活かすことが大事である。各々の学びに主体性と責任をもたせるのである。また発言の仕方や話のまとめ方も経験により的を得た，要領のよい話し方ができるようになってくる。中堅層は，若年のお手本となるように，的確な発言や，多様なものの見方・考え方，新たな着想などが発言できるように心がけてほしいと思っている。

研究授業はやりっぱなしにせず，事後研究会の記録も含めて，授業の考察をしっかりとまとめて学校の財産として残していくことにしている。

本校では，各学年のパフォーマンス課題やルーブリックによる成果物を同単元で再考したものを全教職員が閲覧できる環境づくりを進めている。

（2）授業から理論の構築に結びつける校内研修

●何のために研究授業をするのか

研究授業には目的があることを常に意識しておくことが大切である。

どこの学校でも研究授業は毎年くり返され，同じ学年の前の年の指導案を参考に少し手直しをして，何となく終わっていく学校もたくさんある。

そもそも，校内研究のスタートにあたり，研究テーマや研究仮説がしっかりできあがっているかは大変重要である。総論がしっかりしていないと各学年の各論ができるわけがない。前年度までの研究の成果がどこにあり，子どもの課題がどこにあるのか，何を検証しようとしているのかを年度初めに話し込んでおかなければならない。根気強く研究主任と話し込む時間が必要である。新しい知見を生み出すための研究仮説の立て方を指導する。

具体的な研究方法や研究内容は組織的に議論を重ねることが必要である。

新たな手立てや方策を講じることで，今まで解明できなかったこと，乗り越えようとしていることを提案していくわけである。授業はうまいが，何を言えばよいのかわからない授業は研究授業には値しない。提案性がない研究を重ねても徒労感を味わうだけに終わってしまう。また，各学年の研究授業は単発でそこに連続性が見られないと学校全体としての成果が見えてこない。1年間を通して，着実に何が積み上がってきているのかを洞察しなければならない。これは校長や研究主任のリードが必要である。ひとつの研究授業から次のステップに移るにあたって，次のオーダーを明確にしておかなくてはならない。具現化して考える学年集団は，それが明確であれば，次の一手を考えやすい。1年間に公開される授業の本数が問題なのではない。その研究としての連続性，成果の積み上げ感の有無がとても重要なのである。

●授業で検証したいことは何か

一口に授業研究といっても，何を検証したいかによって，どのような授業を研究授業にするかは異なってくる。たとえば，授業の中での指導法に着目するのであれば，細かな指示やそれに反応する児童の記録をもとに分析することが

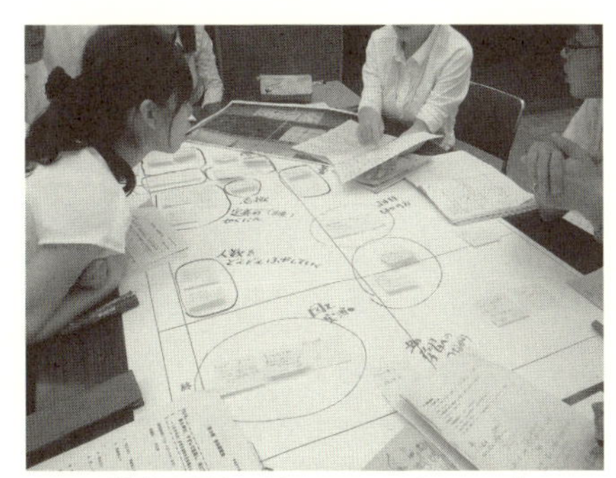

研究の視点にそってワークショップ

グループごとに討議内容を発表

必要となってくる。また，単元構成における課題の提示や単元を通してつけたい力を評価したいのであれば，その課題そのものがどうであったかや，単元の構成そのものを検証しなければならない。また複雑な学力構造を評価によって検証したいのであれば，評価方法そのものが適切であったかを検証しなければならない。ここでも上述の研究の方向と内容が明確でないとぶれてしまう。事後研究会でも何に焦点を当てて話し合えばよいのかが混乱してしまう。事後研究会では必ず，「授業の分析の視点」を明確にしておくことが必要である。

●どのように授業実践の成果を整理していくか

研究授業はできるだけ多くの者が参観し，みんなで事後研究会ができるに越したことはない。しかし年間の時間数は限られているし，全員が全員参観の研究授業をすることは不可能である。そもそも研究授業を通して，授業技術を磨きたいのか，教育課程を整理したいのか，あいまいなまま進んでしまうことも起こりがちである。本校でも算数科部と読解科部を中心に校内研究を進めてきたが，授業力向上については算数科を中心にし，読解科については部会授業を積み重ねながら教育課程の整理を行うことに重点を置くことにした。

読解科が立ちあがってからもう10年近く経とうとしている。PISA型読解力が唱えられはじめた頃は独立した時間として，新たなテキストや単元開発も必要であったが，すでにさまざまな教科書にも読解力育成の視点の言語活動が取り入れられていたり，汎用性の高い内容が見受けられることから，その内容の系統性や発展性を含め，他教科との連携も視野に入れて，読解力ベースのカリキュラム・マネジメントに着手することが必要な時期に来ているのではないかと判断し，1年間かけて，授業で明らかにしたことをカリキュラムに落とし込んでみることとした（図2-4-2）。すると，読解科の授業でつけた力がどこに活かされるのか，学習の時期やタイミング，さらに学年を超えて学習者の目線に立ったカリキュラム・マネジメントが必要なことが明らかになってきたのである。このような研究の進め方もあることを知るとともに，何となくみんなが感じていたことを可視化することによって，全員で課題を共有し，学校の財産として管理していく土台づくりができたと感じた。このように物事を俯瞰できる力は，授業力の向上に加えて，教師には大変重要な力である。

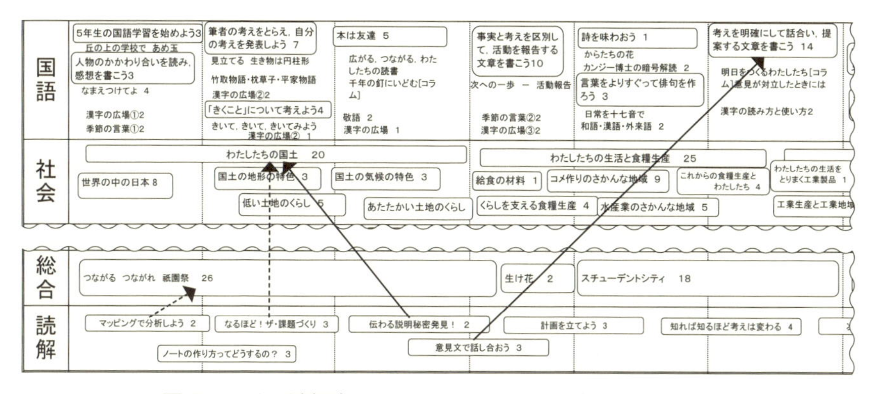

図 2-4-2 読解力ベースのカリキュラム表（5年，一部）

(3) 誰でもが前に立つ自信をもつ

本校の良いところは，いろいろな研修でさまざまな人の出番があるところである。中堅以上の理路整然と明確に論じることができる者が前に立つことは，モデルとしては大事な役割を果たすが，それだけでは，中核的な役割でない教員や若年教員にいつまでも主体者意識を育てることはできない。

研修の形も自由にアレンジ

できるだけ，経験の有無にかかわらず，得意な分野や長所を活かして，どんどんいろいろな人にいろいろな場面を任せていくことを大切にしたいと考えている。

ファシリテーターになって研修を盛り上げる

たとえば，昨年度は喫緊の課題である英語教育にも積極的に取り組み，新たなプロジェクトとしてイングリッシュシャワーパイロット事業を行った。

みんなの苦手意識を克服するためにも，英語教育部は，ミニ研修のファシリテーターを順番に交代していくこととした。はじめは緊張感があった研修も，次は誰が前に立つのか楽しみになって，温かい空気の流れる研修の時間にしてくれた。ファシリテーター役の教師は，みんなの前に立つためには，事前に考え，シミュレーションを重ねて準備をしたに違いない。みんなはそれが理解できるから一生懸命，指示を聞いて研修を盛り上げてくれる。短い時間でも，このような経験を重ねることは大切であることを確信した。自信をもって，人の前に立つことは，教師には不可欠である。どの先生にも子どもたちの前で，自信をもって立ってほしい。そして，互いに支えてくれる同僚がいるからこそ，自信をもってやりきることができるのである。

(4) 理論研修はなぜ必要か

授業研修とともに，時には質の高い理論研修も必要である。なぜなら，質の良い実践は必ず裏づけとなる理論があるからである。教師の仕事は経験によって質が高められていく。しかし，その質の高まりを理論で整理されることによって，納得し，一般化されたものとして汎用性が高まる。研究実践が「自分のものになる」ことが実感できるのである。このことは，学校の財産としても残されるし，教師自身が生涯，他校に転勤して環境が変わろうとも自分自身の研究実績として応用転移できるものになる。

できれば，文部科学省や教育委員会発信の最新の教育事情を知ることや，よ

大学院生も参加する研究授業参観

大学教員による指導助言（石井英真先生）

り専門性の高い大学の研究者を招いて解説を受けたり，自校の研究実践に指導助言を受けたりしながら，理論を学ぶことが肝要であろう。管理職は率先して，自ら範を示し，最新の教育情報を収集し，校内のキーパーソンと共有することを習慣化したい。本校では，幸運なことに京都大学教育方法学研究室と連携しながら，大変有利な環境にあったことを感謝している。

（5）ニーズに合った研修を

トップが牽引することばかりが研修の方針ではない。本校では，若年教員も多いために授業研究のほかにも，実は日々の学級経営や日常業務について研修したいという思いも強い。毎年，副教頭がコーディネートしている若年研修の内容についてメンバーで話し合い，主体的に運営の役割も担うようにした。

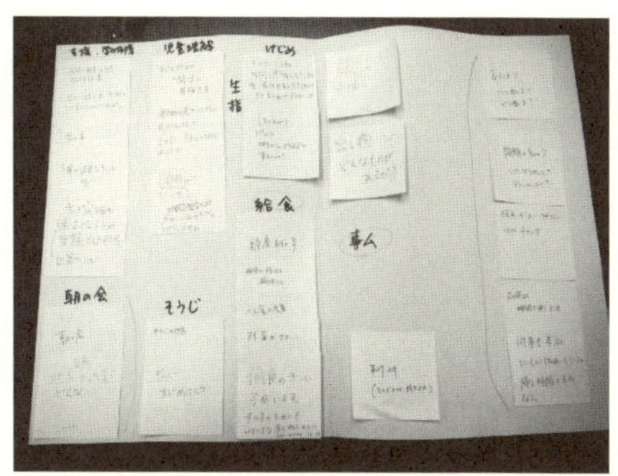

研修したい内容を整理する

いろいろな教職員にも協力してもらい，たとえば給食指導については栄養教諭が，事務の取り扱いについては事務主査が講師となって普段質問しにくいような内容についてもていねいに指導して，学級経営や日常業務が安心して円滑に行えるようになった。栄養教諭や事務主査も自分たちが，先生たちを支援できたことで学校経営への参画意識が向上した。また，教頭による校内放課後ツアーで，管理職としての校舎管理や安全を重視した環境整備の考え方を聞くことにより，教職員としての責任感や，徹底した校舎管理への協力姿勢が高まった。若年の教員にとってはこのような研修もまた必要であると感じた。

教頭による校舎管理ツアー研修

5. 学びを深めるポイント

（1）学校・教師自身の現在地を知る

何事も現状把握は最優先事項である。常に自分の位置を自覚することが必要である。学校それぞれにはミッションがある。そのミッションを正しく捉えて学校運営の方向づけをするのは校長の責任である。時には，校長が先陣をきって過去の遺産をスクラップすることも決断しなければならない。何を残し，何を改革するのかを見極めることが重要である。また，配属される教職員それぞれのキャリア発達に即して，課題と目標の設定を助言し，育成の方向づけをするのも管理職の重要な役目である。

教職員自身も自分の学校の果たす使命や，自己の課題や目標を明確にし，ステップを踏んでいくのはたやすいことではない。ひょっとすると，次の学校に異動してステージが変わったときに初めて，それが理解できるのかもしれない。

いずれにしても，学校・教師自身の現在地を知り，学校総体としてのエネルギーを無駄にせず，効率よく望むべき方向に導くことが自然の法則にもかなっていることである。教職員の個性を大切にしながらも，進むべきベクトルの方向性をできるだけ一致させていくことによって，個々の学びを深めることを保障できるのではないだろうか。

（2）北極星に向かって自分で歩く

学校の進むべき方向性すなわちめざすべき「北極星」を示すのは校長の役割である。しかし，全員の手を引いて，この道を歩けと指し示すわけではない。自分の力で歩いてこそ，力がつくのである。北極星が見えないと，いつまでもうずくまらせてしまったり，遠回りして道に迷わせてしまったりしてしまう。道は人の数だけ作られる。同じ歩くなら，人が未だ歩いていない道を歩かせる。石橋はたたかなくても見ればわかるようになる。

人がやった授業と同じ授業をしても意味がない。どんどん新たな視点で指導法を開発してほしい。また，つまらぬ授業は指導案を見ればわかるようになってくる。授業の良し悪しを見抜く目ももてるようになってほしい。しかし，自分が失敗することもある。失敗は教訓化することが大切である。失敗も成果の一つである。やってみなければわからなかったのであるから，やらないより価値がある。失敗しても何が指導したかったのかがわかれば，修正や改善の工夫ができる。一方，まだまだ力不足にもかかわらず教師が錯覚をして子どもに助けてもらって成功した授業で過信している場合には厳しく指摘する。良くなったことは，具体的にどこがどのように前回よりも良くなったかを褒めることが大切である。失敗から学べば必ず次の解が見えてくる。そうやって，自分の力で一歩一歩確実に前に進んでいってほしい。

（3）手を携えてみんなの幸せを考えられる教師に

授業を通して子どもたちが系統的に積み上げてきた成果を体現してくれるのを目の当たりにしたとき，教職員が一丸となって研究してきたことの良さを実感できる。学校はいろいろな教職員スタッフに支えられている。「チーム学校」言い換えればいつも「一家総出」の状態である。学校の主役は子どもである。その子どものためにと汗をかいてくれる親や地域がある。教職員集団が良い表情で，活気が感じられる学校は，子どもにも親にも地域にも好感度が高い。

なぜなら，子どもによし，先生によし，学校によし，社会によし，みんながHappyになる仕事ができているからである。自分さえよければ，できることなら楽をしたい，うまくいかないのは誰かのせいと思っていると，表情に出てしまう。これでは信頼が得られない。

仕事のギブ＆テイクはまずギブからが鉄則である。相手のためにできることをしてからお願いをする。相手が教職員であっても，外部の人であっても。興味関心のあるところに出かけていって，つながりを作って，引き出しをふやしておけば，いざというときに助けてもらえるネットワークが作られていく。孤独ではない。手を携えてみんなの幸せを考えられる教師になるために，いつも自分に何ができるかを考える姿勢が大切である。自校の研究の取り組みを誇りに思い，互いをリスペクトし合える教職員集団になってほしいと願っている。

(4) 常に次の一手を考えておく

時代は刻々と進んでいく。現在の研究を進めながら，次の研究の下地づくりをしておく。いかに滑らかに次のステージに移行させていくかは一朝一夕にできるものではない。学校の置かれている現状分析を常に冷静に客観的に行わなければならない。いろいろな可能性をシミュレートしながらである。アイドリング状態にしておいてどこでアクセルを踏むか，決断の時を待てばよい。行き当たりばったりでは，決して練られた研究構想はできあがらない。走りながら考えることもアリである。柔軟性のない研究もおもしろくない。後から肉づけしていくのもよい。途中でそぎ落とすもよい。一つ一つ立ち止まって考えたことが成果である。これは思いつきではなく，新しい着想である。

研究はツライものでもキツイものでもコクなことでもない。研究について考えることは，楽しいことである。この価値観を共有できる人間を１人でも２人でもふやすことが必要である。これは時代の先見性と普遍の論理を重ねて，新しい教育を展望する同志の姿である。

(5) 学び方を学ぶ——学校現場での研究活動とは何か

大学を卒業して普通に教職人生を歩むとすると，ほぼ35年前後，いくつかの学校を経験しながらキャリアステージをのぼっていくことになる。人それぞれ配属される学校の環境は異なるが，どのような学校を経験するかは大変重要である。長い教職人生の中で，数年間，身を置くからには，その人にとって，実のある時間を過ごし，成長が実感できる学校でありたいと思っている。

新規採用で着任する学校・初めての異動で来た学校・中堅教員として過ごす学校・管理職としてリーダーシップを発揮する学校とそれぞれにとって意味は違うかもしれないが，そのとき一緒に過ごす同人であることに違いはない。同じ子どもたちを目の前にし，どのような力をつけるのか，そのためには，どのような教育活動が必要なのか，一生懸命考えて実践する。そのような中で，教師自身も学ぶことが多い。そして，学んだ内容のみならず，実は知らず知らずのうちに身につけていることは「ものの見方や考え方」「学び方」なのである。

後進の育成のためには，研究の理論の内容よりもむしろ，研究の視点のつくり方や研究の進め方を伝えるべきである。時間が経てば，今，最良最適であることも過去の遺産となる。場所が変われば，同じやり方では通用しないかもしれない。しかし，ひとたび身につけた「学び方」を知っていれば，またそこでの仲間と一緒に，最善最適な教育を実現できるのではないだろうか。学校現場での研究活動のもつ意味とはそういうことではないかと思う。いつの世も現在の姿をつくってきたのは過去の人々の努力の結晶である。そのことを決して忘れてはならない。私たちの学校も同じである。自分たちの実力だけで今があるのではない。単なる研究に対する興味・関心・意欲だけではなく，常に謙虚な気持ちと感謝の心をもって，真摯な心構えで取り組む姿勢が大切である。若い教職員へのこの精神の涵養を願っている。

6. おわりに

一つの学校に在籍する期間には限りがある。そして，何年も同じ集団で組織運営できるわけでもない。しかし，確実に「高倉小学校」で学び育ち合った教師集団は，世代を超えても同じ頭で考え，同じ心で感じた仲間である。子どもたちに誇りをもって学ぶことを重んじると同様に，教職員集団にも誇りをもって教壇に立ってほしいと願っている。

たまたま，同じ時期に同じ学校で仕事をすることになった教職員集団との共同研究はまさに「一期一会」である。たとえ一時でも一緒に仕事をした仲間は大事にしたいといつも思っている。さらに，「高倉小学校」では教職員との共同研究のみならず，京都大学田中研究室との共同研究という環境を与えていただき，深く感謝している。研究授業の指導案作成や事後の研究協議に新鮮な意見を出してくれた院生たちも刺激的な存在であった。またここまで導いてくださった田中耕治先生，西岡加名恵先生，そして私たちと一緒に悩み考えながら応援していただき，本稿を書くチャンスまで与えてくださった石井英真先生の存在は，教職員共々，教職人生の中での幸せな出会いであったと思っている。

そして，「教師が共に育ち合う学校づくり」というテーマをいただきながら，本稿を書いてはみたが，実はみんなにいちばん育ててもらったのは自分自身ではないかと思っている。この場をお借りして，みなさんに御礼申し上げたい。

コラム 2

ワークショップ型研修を活性化させる視点

京都大学大学院教育学研究科大学院生　福嶋祐貴

ワークショップ型研修の活性化

ワークショップ型研修は，研究授業を通して学び合ったり，新たな理論を体験的に学んだりするのに有効な手立てである。また，それぞれが主体的にかつ平等に参加することで，学校づくりへの参加意識が高まるだけでなく，学び合いの学校文化が形成されることにもなる。ここでは，そうしたワークショップ型研修を活性化させるために意識したいポイントをいくつか紹介する。

研修前の視点：テーマ設定，グループ編成，事前資料づくり

まず，研修のテーマがそれぞれの教師のニーズを満たすものである必要がある。自分にとって切実なテーマであればあるほど，参加意欲は高まる。初めは学校全体で取り組んでいる課題とつなげてテーマを示すことが有効だろう。

次に研修にあたっての具体的な事前準備である。ワークショップ型研修では，多くの場合，グループでの話し合いが過程として含まれる。したがって，グループ編成の仕方に配慮することが大事となる。

学習成果を高めるためには，1グループあたり4～6人で，それぞれのバックグラウンドがばらばらである方がよいということが実証されてきている。もちろん参加人数と時間的制約のために，1グループあたりの人数を増やさざるを得ないこともある。その場合も全体交流の時間を調整するなどして，できるだけグループ活動に重きを置きたいところである。

また受け持つ学年が同じであったり，キャリアが近かったりすると，話し合いは活発になっても，その質が偏ってしまうかもしれない。異質なメンバー同士で組むことは，新鮮な発想だけでなく，普段接することの少ない教員同士の交流を生み出すことにもつながる。ベテランや推進役に近しいメンバーをまん

べんなく割り振っておくことも有効だろう。

ワークショップでは体験的に学ぶことが重要な局面になる。それだけに，活動中はいったい何をすればいいのか，最終的に何を作り出すことになるのかに関するイメージが具体的に求められる。ワークショップがどのような目的・手順で行われるのかということを事前資料として共有しておくとよいだろう。むろん，ワークショップ開始時にも改めて説明しておくべきである。

研修中の視点：ファシリテーター，話し合いのルール，作品化

いざワークショップが始まっても，グループ活動が必ずしもスムーズに行われるとは限らない。そのために教職員間での協調性を日頃から高めておくべきことは言うまでもないが，ワークショップの場合，活動を円滑に進めるには，ファシリテーターが重要な役割を果たすことだろう。

ファシリテーターは，グループの雰囲気を解きほぐし，意見を引き出し，その関連づけを促すことが主な使命である。ファシリテーターが口火を切ったり，メンバーの発言に深い同意を示したりして，発言しやすい，受容的で協調的なムードをつくり出すことが望まれる。それを通して，たとえば他の人の意見に口を挟んだり批判したりしない，順番に１人ずつ話すようにする，最初はとにかく自由に意見を出すといった話し合いのルールが形成されてくるとよいだろう。最初からそうしたルールをいくつか明示しておくのもよい。

ワークショップではしばしば付箋を用いた活動が行われる。付箋は，普段発言できなかったり声の小さかったりする教職員の意見をも促し，手軽に貼り直したり移動させたりしながら，出てきた意見を構造化し，物理的に形として残すことができる重要なツールである。付箋に限らず，話し合いの内容および成果を作品として形に残すことは，ただ研修が「やって終わり」にならないようにするために重要な視点である。今後の授業づくりや教育活動にすぐ活かせるように，ツールを用いて自らの成果を残していきたいところである。

ワークショップ型研修を活性化させる視点は，そのまま授業における子どもたちのグループ活動を活性化させる視点にもなるのである。

コラム 3

リフレクションのさまざまな方法

京都大学大学院教育学研究科大学院生　次橋秀樹

リフレクションとは

リフレクション（reflection）とは，教師が教育実践を振り返り，捉えなおす行為である。もちろん，1人で行うリフレクションもあるが，特に授業研究の分野においては「省察」という訳語が使われ，授業を公開した後に行う事後検討会（研究会）においてなされるものとされる。

事後検討会の行い方については，2人の教師がそれぞれ同じ単元の授業を行い，比較しながら検討する方法（授業カンファレンス）や，授業を録画した映像を見ながら，必要に応じて映像を止めて議論するという方法（ストップモーション方式）など，さまざまな方法がこれまでに開発されてきた。また，事後検討会を含めた日本の授業研究は，教師が教育実践の計画やリフレクションを他者とともに共同的に行う点に特長があり，授業改善や教師の力量形成，教職員の同僚性を構築し持続的な学校改善を行うための有効な方法として注目され，「レッスンスタディ」という言葉で米国やアジア諸国をはじめ海外でも紹介されている。その一方で，事後検討会に対しては，発言が一部の参加者に限られていたり，強権的であったり，予定調和的であったりするという批判もある。これらの問題をクリアしつつ，より効果的なリフレクションを行うためには，どのような工夫が考えられるのだろうか。

リフレクションを効果的に行うために

近年では，模造紙やホワイトボードなどを使って少人数のグループで行うワークショップ型の事後検討会も盛んである。たとえば，京都市立高倉小学校の事後検討会では，教科の代表者と授業を担当した教師による授業の開発経緯とねらいについての説明の後，校長を含む教師全員が7～8人のグループ4

つに分かれ，各グループで模造紙を囲みつつ協議が行われる。各グループで司会進行・模造紙への書き込み・まとめの発表を担当する３人は事前に決まっている。協議においては，あらかじめ検討すべき視点として，授業の進め方や教師のふるまい，子どもの様子，目標や教材の妥当性などがバランスよく示されており，これらについて，「成果」「課題」「改善策」を書いた付箋紙（授業前にわたされている）を全員が貼り付けながら「導入」「展開」「まとめ」の時系列に沿って意見を出し合っていく。貼り付けられた付箋紙は話し合いの中でグルーピングされたり矢印で結ばれたりするとともに，要点や新たな気づきがサインペンで模造紙に書き込まれていく。各グループの協議内容の発表を行った後は，全体協議，外部講師の指導助言，校長による総括が行われる。

ここでは，振り返る視点や枠組みが協議に先立って明示されていることで，その授業が何を大切にしていたかの共通認識や，共通の話題での議論が参加者間で成立しやすくなっている。また，付箋紙を活用することで，発言が特定の参加者に偏ったり，１つの意見に時間をかけすぎたりすることなく進行している。

このように，事後検討会とは批判的な振り返り（反省）の場ではなく，１つの授業の出来事の意味を深く解読する経験の共有の場であり，参加した教師全員にとって，それぞれの授業を改善するための気づきを増やす機会であることがめざされる。さらに加えるならば，検討会では授業内の事実から一般化・言語化を図り，共有可能な知を創出する契機を埋め込むことも重要である。この点をふまえて，指導助言者は，理論的な知見や教育改革の方向性との関係で，授業での事実を意味づける役割が求められる。つまり，リフレクションは，若い教師の授業や観察眼を磨くためだけでなく，たとえば「名人芸」といわれるような優れた授業が対象であっても，系統化・構造化する試みを通して，これをいわば神話として遠ざけず，共有財産にするための契機にもなりえるのである。

第3章

学校を越えたつながりの中で研究する教師たち

1 日本中を教育の世界から，そして教育会からハッピーにする！ を合言葉に

大阪府大阪市立千本小学校　金 大竜

1．はじめに

僕が教員になってからの 14 年，書類や会議の量が増えている。放課後，子どもたちとゆっくりと時間を過ごすということがなくなってきている。これまでより教員の仕事が増えていることを感じている。それによって，多くの教師は多忙感を抱いており，職員室でゆっくりと授業や子どもの会話ができなくなっている。日々の「ホウ・レン・ソウ」が大切だと頭でわかっているのになかなかそれができず，日々抱える悩みも話すことができない人もいる。そして，問題が大きくなってからまわりが異変に気づき，気づいた頃には担任１人では対応できない大きな問題になってしまうことがある。「何でも話せばいいじゃないか」と言うことは簡単だけど，教員一人ひとりが忙しく，悩みを話し合う人間関係が築けていないという現実もある。

「教師は３年目までは，誰でも授業力が向上していくけれど，４年目以降は学ばないかぎり向上しない」と聞いたことがある。この「学ぶ」ということが勤務校内でできていた以前に比べ，現在は多忙な状況から勤務校で先輩から学ぶということがあまりできていない。また，ベテランといわれる世代の先生が，学級経営がうまくいっていないということを聞くことが年々増えている。そうしたことで若手が身近な先輩に話を聞けない環境にいることも出てきている。こうした中でも，自ら先輩に声をかけ，学んでいける人であれば問題ないのだが，全員がそうはできない。日々は忙しく，身近な先輩からなかなか学べない。このような環境に置かれている若手は少なくない。だからといって，学ばなければ教師としての力量を高めることができない。また，自分がある程度，経験を重ね，学びを深めていきたいときに勤務校に共に学べる人がいないことはよ

くあるのではないだろうか。

こうしたとき，必要になってくるのは勤務校を離れた学べる仲間である。平日は時間がなくても，休日であれば時間をつくることはできる。僕自身は，大学時代からの友達と私的な教育サークル「教育会」を作り，そのサークル活動を軸に，他の地域の先生方とも交流ができ，その先生方から多くの学びをいただいている。

2.「教育会」のめざすこと

「教育会」には，みんなで学び合うために下記の規約を設定している。

【目的】
○教師力と人間力をつける。
○多くの人に自分の実践を伝え，自他共に伸びていけるようにする。
○自分の教育観を確立・改善していく。
○他の人の実践から学ぶ。
【スローガン】
○日本中を教育の世界から，そして教育会からハッピーにする！
○夢に挑戦し続ける大人たちに，子どもたちは心を奪われる。
○指示する前に支持される教師であれ。
○「頑張る」のではなく，「顔晴る」人でありたい。
○教師が楽しむ以上に子どもは楽しめない。だから教師が日々楽しむ。

では，具体的にどのような活動をしているのかを紹介しよう。

●参加者の教育観を語ったり，ここ最近の実践交流をしたりする。

近況報告や今感じていることを話してもらい，その思いに対して他の参加者から意見をもらう。また，メンバーそれぞれが研修等で学んできたことをシェアし合う。

●授業の様子を映像で視聴し，気づきを話し合う。

映像だと，口頭での実践報告より教師や子どもたちの様子がよくわかる。みんなで普段の授業の様子を参観し，気づきを交流することで，自分では気づけなかったことに気づくことができる。

●メーリングリストを使い，メンバー同士の交流を深める。

会に参加したときは，熱意あるメンバーに触発され，思いが高まるのだが，その後に行動に移さないと意味がない。そのため，日々の思いをメーリングリストに投稿し，みんなで交流し合うことで，お互いの学びにしている。

3. 参加者の試行錯誤を大切にする学び合い

大学のときの同級生・山本芳弘とは，大学４年生の頃から教育に関する話を２人でよくしていた。その山本と同期として大阪市に採用され，新卒採用の頃から週末にはいつも２人で学級の様子をビデオにとって見合ったり，教材研究をしたり，情報交換をしたりしていた。週末は，ついつい次週の準備に追われがちになるが，こうして自分の実践を振り返る時間をとり，その反省から次週の計画を立てるという行為を自然とできる環境にあったことは幸運だった。それぞれが学校で先輩に指導されたことや子どもの様子から感じたことを交流する中で，１人では学べないこと，感じられないことを学んでいくことができた。その経験がのちのちサークル活動を行っていこうとする気持ちの土台となったといえる。

こうして取り組んでいく中で，教員採用３年目（2004年）の夏，山本と「せっかく一緒に学び合ってるんやから，もっと人数増やして切磋琢磨したら，さらにたくさんの学びがあるんちゃうかなあ」となったのである。自分たちの考え方もそれなりに固まってきて，外で学ぶ機会も増えてきていた。そこからお互いの仲間に呼びかけて学び合おうということになったのが「教育会」の始まりである。

振り返れば現在まで13年間ほど，自宅を開放したり，大阪教育大学天王寺校舎の教室をお借りしたりして，ほぼ月２回のペースで開催してきている。結成当初は大阪市の先生方が中心で，参加者も２人だけといったこともよくあった。しかし，現在は大阪市内外のあらゆる学校から，毎回十数人の方が来て学んでいる。僕自身がさまざまなところでセミナーの講師をするようになったり，本を執筆するようになったりしてからは，教育会に参加してみようと思う人も増えてきて，その結果，登録メンバーは，学生・新任といった若手の先生からベテランの先生などを含め，現在80人程度在籍している。

教育会は僕が代表として活動しているが，事務局として山本がメーリングリストや諸連絡を管理してくれている。僕自身が苦手なことを山本がバックアップしてくれているのである。父にも，「山本くんあっての君だよ。そこへの感謝は忘れないようにしないといけないね」と言われるほどに，これまで共に活動してきた。

教育会の活動を続けていく上で最も心がけていることは，「『教育会』で話されたことは答えではない」ということである。参加者の中には，困ったときの駆け込み寺のごとく，課題の解決方法を求める方がいる。そういった方も受け入れられる場でありたいとは思っているけれど，子どもの実態や場所，タイミングなどにより，どの方法にもメリットがあり，デメリットがあるのではないだろうか。参加者はそれぞれ自分の経験や思いからいろんな話をするけれど，結局は自分自身が学び，試行錯誤して取り組みを行うことが最も重要だと考えている。「教育会」は，誰かから答えを教えてもらう場所ではなく，それぞれが学んだことをシェアし合う場所でありたいと考えて活動をしている。

年に1回は，教育会の活動を継続するかどうかの意思確認を行っている。そこで毎回，登録者数が50名ほどになるが，また1年の間に100名前後に増えてくることが続いている。

ここ数年，僕自身がセミナーの講師をするようになってからは，「教育会セミナー」として，セミナーをサークルで企画・運営することも少なくない。2015年度は4回行った。セミナーの内容は，僕自身が課題に感じているテーマを扱うことが多いものの，サークルメンバーの悩みや課題を受けて設定することもある。

それらのセミナーでは，サークルメンバーが実践発表をしたり，模擬授業をしたりしている。サークル員の発表に向けては，サークル内でブラッシュアップを必ずしている。当日，学びをアウトプットする経験が貴重な体験になることはもちろんだが，当日に向けてメンバーで，ああでもない，こうでもないと話し合っている時間こそいちばんの学びになっているのだと思う。

4.「教育会」の活動の実際

（1）多様な学びを多様な人と交流できるように

僕のサークルでは，教育会以外で学ぶこともどんどんするように勧めている。さまざまな考え方があるので，サークルを運営する僕がメンバーを囲い込むようなことをして，学ぶことの邪魔をしたくないからである。そして，子どもの力を育むにはさまざまな手法があり，どの手法にも大きな可能性が秘められていると思うからである。「この方法しかだめだ」「この方法が絶対だ」という人を僕自身は信じていない。

ただし，いろんなところで学びすぎることによって「学びおたく」にならないことも大切である。セミナーに参加して学ぶばかりで，それらを実際に教室で実践しながら，自己の実践を見直し，改善していくことをしなければ単なる「学びおたく」である。頭でっかちになり，実践が伴わないことになってしまう。

メンバーそれぞれがしっかり学び，実践し，それらをサークルで共有しながら自分磨きをする，そうありたいなと考えている。そうした考えをもって，活動してきている。

活動のメインは，それぞれが持ちよった授業ビデオをサークルメンバーで見て，気づいたことを話し合うことである。授業の気になるところで映像を止め，そこでそれぞれが気づいたことを話し合う。ビデオを見終わった後は，3名1グループに分かれ学びを共有していく。1回のサークルで見られるビデオは3本が限界である。ある日の活動時間と内容を紹介してみよう。

13:00～14:00	一人ひとりの近況報告とそこから掘り下げたい話題について話し合う
14:00～15:00	ビデオ1本目
15:10～16:10	ビデオ2本目
16:20～17:20	レポート検討
17:20～17:30	次回の日程確認

サークルに参加するときには必ず映像かレポートを持ってくることを課したこともあったが，現在は課していない。サークルに参加する人の熱を上げてい

くことや，力量形成を優先するなら課す方がよいのはわかっている。しかし，そうすると気持ちがしんどくなったり，行き詰まったりした人が来にくくなってしまう。それもいやだなあと感じている。そうしたしんどくなった人が一人ぼっちにならずに駆け込んでこられる場所としても存在したいなあと思っているのである。正直，今でも迷うことはあるけれど……。

授業検討をしている様子

（2）僕自身が変容することで

活動当初，サークルメンバーはなかなかビデオを持ってくることができなかった。持ってくるのはどうも勇気がいることのようだ。自分の実践を人に評価され，アドバイスを受けることが，なにか自己否定をされるように感じてしまうようだ。最近でこそ，サークルメンバーもこぞってビデオを持ってくるが，以前，映像を持ってこられなかった原因は僕のあり方・考え方にあったのではないかと考えている。それだけではない。これまで熱心にサークルに来ていた人がぱったりとこなくなったこともあった。その原因の一つにも僕のあり方・考え方があったのではないかと思う。

今はサークルメンバーの入れ替わりも少なくなったが，発足から数年はどんどんメンバーが入れ替わっていた。それは，僕がやっていること，できることはだれでもできると思っていたからである。メンバーそれぞれのキャラクターや経験，子どもとの関係が違うことを考慮できずにいたのである。だから，サークルに参加しているメンバーには，僕の向いている方向を向くことが正しいというようなアドバイスばかりをしていたように思う。

そうすることで，僕の実践の派手な部分を見ては，表面上だけを追試しようとする人が多くいたように思う。僕がサークルに持ってくる映像は子どもがイキイキと楽しそうに学んでいる，活動している様子がほとんどだったので，多くの人にとって魅力に感じたのもあると思う。しかし，その映像の裏では，細かい指導がくり返しあったり，子どもとのつながりをつくるためのていねいな取り組みがあったりしていた。そちらを僕自身もあまり見せていなかったのである。

そうした結果，うまくいかなくて苦しむ人がサークル内にたくさん出てきてしまった。（やる気のある自分が，やる気のあるあの人に，休みを返上してまで学んでいるのにうまくいかないのは，この子たちにやる気がないのでは？）と考えて，子どもを叱って変えようという人もいた。

振り返ってみると，僕はまた，自分目線の自分勝手なアドバイスをして苦しめていたんだと思う。「善意のつもり」これがいちばん怖い。自分を見直すことはしないから，うまくいかないのは，相手に原因があるとしか考えなくなってしまう。そうして，自分のまわりにいた人を無自覚的に苦しめていたのだと思う。

こんな僕が今のままではいけないと思い，サークルのあり方，自分のあり方を真剣に考えるようになるにはあるきっかけがあった。それは，サークルメンバーの中から何人かが病休に入ったことである。1人だったときには考えなかったことも，2人，3人となったときに自分にベクトルを向け，考えざるをえなくなった。教員になって，12年目が終わろうとしていた頃だった。

（3）一人ひとりの課題に合わせて考える

2016年，7月1日。この日はわが家でサークルがあった。それぞれが授業ビデオを持ってきて，気になるところで止めては議論をする。1人当たり，40分ほどである。40分がきたら次の人のビデオに移る。この日も前回に引き続き，教員になって3年目の若い人がビデオを持ってきていた。前回は，授業に入る前までで時間が終わってしまった。授業までに子どもが授業準備をできるためのシステムや教室環境で留意することが中心の意見交換だった。それを受けた今回は，授業に入って問題を提示したところでビデオが終わり，授業の入り方

若手の授業をストップモーションで検討中

についての意見交換になった。3年生の少し落ち着きのないクラスでどのような活動が最初にあると子どもたちは学習に入っていけるのか，どうすれば子どもたちが同じ土台に乗って学習を考えていけるかを話し合っていった。この3年目の人ができそうなことを実際の教室の映像を見ながらみんなで考える。それを持ち帰って，その変化をまたみんなで見る。こうしていくと，少しずつ，でも確実に良くなっていくのがわかる。

以前は，45分のビデオを早送りをしながらもすべて見て，それぞれが自分の実践と重ね，もっとこうした方がよいとたくさんのアドバイスをしていた。アドバイスというより，今考えると，自分勝手な見解を述べていただけかもしれない。それだと，（しないといけない！）という焦りだけを生み，実際に何をすればいいのかわからないということがあったようだ。だから，今は，その人が持ち帰られる，実践できるだけの質と量のアドバイスをするように心がけている。

2本目のビデオは，教員歴14年目の人のビデオ。この授業ビデオを見るとサークルに参加している若手からは何も意見が出てこない。実際に，子どもたちも教師を信頼し，楽しそうに集中して学習しているからだ。そういうときは，僕が気づいたことをずっと話してしまうことになる。しかし，そうならないように，「学習課題はこのタイミングでよかったのか？」「今，どうしてこの場面で指名なし発表が必要だったのか？」「この学習が成立するためにどんな指導があったのか？」とそれぞれが見えていないものを見えるようにしていく。授業者には，授業構成の代案を伝えた後，一度，ペアトークや指名なし発表をあえて取り入れずに授業をしてみることを勧めてみた。

若手には細かくていねいなアドバイスを，14年目の人には自分自身でしっかり考えていくようなアドバイスを意識してする。この2人は，教師としてのタイプも違うので，前者には教室内にもう少し規律が生まれるようなアドバイスをし，後者には，規律や「こうあるべき」をもう少し取っ払って授業を子ども目線になって楽しく温かく構成していけるようなアドバイスになった。今，その人にどんなアドバイスが必要なのかを考えなければいけないのだと思う。

このようにサークルの中心で運営する僕自身の成長がなければ，サークルで学ぶ人の成長もないだろう。それどころか，成長を妨げることすらあるかもしれない。そこで，ここ数年は積極的に自分自身が先輩の先生方に実践を検討してもらう場をつくるようにしている。

（4）僕自身が成長することで

2016年8月22日は，国語を専門にされている2人の先生を招いて僕自身の説明文の模擬授業を評価してもらうセミナーを行った。当日は45名ほどの参加があった。

午前中は，サークルメンバー3名がそれぞれ15分授業を行い，それにコメントをもらい，午後は，僕が模擬授業を30分行った。それをビデオで撮影しておき，その後，2時間ビデオを見ながら気づいたことを一つひとつ指導してもらうのである。人前で自分の足らない点を指摘される2時間は正直，つらい部分もあったが，自分の中では大きな学びになった。何より，日々，サークル活動やセミナーで偉そうに話している僕自身にまだまだ課題があることを知ってもらえただけでもよかったと思っている。

この日の授業に向けて，サークルメンバーと3回集まり，どのように授業を進めるか何回も検討してきた。当日の指導からも学ぶことは多くあるが，こうして共につくり上げていく中での学びが大きかったように思う。

ここまで書いてきたように，サークル活動を通して「①学んだことをもとに考え，②実践し，③振り返り，④また学んだことをもとに考え，⑤実践する」ということをくり返すことができていると思う。

サークルでの仲間との関わりは自分の学びは正しいのかと見直すきっかけに

もなるし，深く再考するきっかけにもなっていく。そういった意味でもサークル活動を続け，自分の成長がさらに深まっていくようにしたい，仲間の成長が深まっていくようにしたいと考えている。

5. 学びを深めるポイント

サークルではそれぞれが実践を持ちよって，それをもとに話し合いをしていく。そのときに学びを深めるポイントは以下3点だと考えている。

（1）参加者の構成

サークルに参加する人数は，多すぎても少なすぎても活動が難しい。多すぎると1つの提案に対して割ける時間が少なくなるし，一人ひとりの発言機会も少なくなってしまう。逆に人数が少ないと毎回，同じような意見ばかりが出て，多様ではなくなってしまう。僕のサークルは毎回10人前後の参加があるが，これくらいの人数が上限かなあと感じている。

また，長年，同じメンバーが固定化することもよくないと考えている。どうしても1つの考え方に固執してしまう傾向があるからだ。一定のメンバーは数年ごとに入れ替わることで会の新陳代謝が行われていく。しかし，これは無理にそうするものではなく，それぞれが課題意識をもって取り組んでいった先に学びたいことが変化していき，自然とそうなると考えている。

メンバーの年齢構成も関係するかもしれないが，ここに関してどうあるとよいのか，自分自身はまだわからないことである。

（2）発表資料の質

授業ビデオをみんなで検討するのがいちばん，学びが大きい。それは子どもの姿が見えるし，指導者の一挙手一投足まで検討できるからである。映像では嘘をつくことはできない。それに比べ，文書資料だとごまかしがきくともいえる。実際の子どもの姿もその人の主観から語られていることなので，実際のところはどうかわからない。そのため，文書で発表する場合は，指導案検討をしたり，模擬授業を行ったりしたことを中心に行うようにしている。

発表資料は，「①子どもたちにどんな力を育みたいのか，②自分は何に困っているのか（課題は何か），③そのためにどんな取り組みをしているのか」ということを明確に書くことでみんなで話し合うことも明確になり，深まりが生まれる。発表の主張がぼやけていると，話し合いもダラダラと広がってしまうものになる。

また，発表資料の質が良くても，それに対して参加者が発言できるだけの気づきがないと深まらないし，誰か１人の発言が「正解」のように扱われることも好ましくない。そうならないように個々がしっかりと学ぶことと併せて，発表を聞いて話し合うときには，全体で行うのか，小グループをつくって行うのかを，その日参加しているメンバーや人数によって柔軟に決めていくことが大事である。

（３）代表者が学び続ける

サークルには代表者がいる。その会の中心になる人がどのような考えをもっているのかで，会の中身は大きく変わってくる。代表者が現在の実践を語らず，過去の栄光ばかりを話していては学びにはならない。常に変化成長するからこそ，そこに前向きな人も集まってくるのではないだろうか。代表者は多様な実践を受け入れられないといけないと思う。もちろん経験を重ねた人から見れば，さまざまな学びをすることのマイナスも見えるのかもしれない。しかし，そうした中で頭打ちになることも学びのひとつとして捉え，多様な学びをサークルメンバーそれぞれがし，それを共有できていけるようにしなければいけないと考えている。

何より，代表者が１つの方法に固執することなく，さまざまな方法から学び続けることだと思う。経験を重ねたベテランの先生はわからないが，まだまだ僕のように30代そこらの人は貪欲に学び，学びの中でこれまでの手法が不十分だと感じたのなら，これまでの学びを０にしてでも取り組み直していくだけの気持ちが大切である。

学びを深めるためには，参加者それぞれが受け身ではなく，主体的であることが大切である。誰かの実践を一方的に学びにくるのではなく，それぞれが実践を発表しながら，子どもにとって，よりよいものを探し続ける，考え続ける。そんな姿勢が何よりも大事だと思う。そうなっていくには，どのようなサークルがよいのかをこれからも考えていきたい。

6. おわりに

団塊の世代が退職され，大量に新規採用者が増えている。学校現場に求められることも年々多くなり，世の中の価値観も多様化する中で，学校で起こる問題も多様化してきている。こうした多忙な中，ベテランから若手にどのように力が継承されていくかは大きな問題の一つである。

この問題に対して，どうすればいいのか。それは僕にはわからない。しかし，僕にできることはある。それは，自分の出会う人たちと切磋琢磨し，自分自身が成長していくこと。そうすることで自分の教室にいる子どもたちはもちろん，同じ学校に勤務する先生や自分の仲間の成長につながり，結果，小さいかもしれないが，その先生方のクラスの子どもにもつながっていくのだと思う。

「一隅を照らす」という言葉がある。自分の目の前のこと，できることからスタートする。一人ひとりが一隅を照らせるように，僕は自分のまわりにいる先生方を元気にしていければと思っている。

サークルを始めて13年が経ち，その中で，僕も，サークルを一緒にする仲間も身のまわりの環境ががらりと変わった。家庭をもち，子どもにも恵まれた。勤務校でも責任ある仕事を任せてもらえるようになってきた。本を執筆する機会やセミナーの講師として登壇する機会も増える中で，13年前には気軽にできていた，自由にできていた学びも，自分の思うようにはできなくなってきている。

そうした環境の変化が，学び続けること，サークルを続けていくときにいちばん難しい問題なのかもしれないと思う。しかし，学びを止めるわけにはいかない。サークルをやめるわけにはいかない。「教育会」は僕の原点であり，いつも初心に戻れる場所でもある。そこで大好きな仲間と学び続けていけるように，どうすればいいのか。そこで学んだことを多くの人に還元していくにはどうすればいいのかを考え続けていきたい。

2 身体と想像力を活用した学びを教師自らが体験しながら生み出す
——学びの空間研究会の取り組み

東京学芸大学　渡辺貴裕

1. はじめに

「学びの空間研究会」（通称「空間研」）は，授業における演劇的手法の可能性に関心をもつ教師たちが集まる研究会である。「演劇的手法」といっても，脚本をもとにセリフを覚えて舞台で観客に向かって上演して，というものではない。身体を動かして架空の世界を生み出し，その中で何かになってふるまうことを通して学習を行う手法のことを指している。これは，英米における「ドラマ（drama）」，特に「学習媒体としてのドラマ」とされてきたものと重なる。

日本では，特に2000年代以降，演劇の実演家や海外から招いたドラマ教育の専門家などが行うワークショップがさかんに催されるようになり，教師が演劇的手法について学べる場が増えてきた。もちろん，そうした場で教師が良質の活動を体験するのは大事である。けれどもそれだけでは，教師がそれぞれの現場において，目の前の子どもたちに応じた学習活動を考案・実践できるようになるとはかぎらない。

演劇的手法を用いた活動を教師がただ体験するだけでなく，自分たちで活動のアイデアを出し合ったり，実際に教室で行ってみた様子を報告し合ったりできる場をつくれないか。そうした問題意識をもって筆者が現場の教師や地域で活動する方々とともに2012（平成24）年4月に設立したのが，「学びの空間研究会」である。

空間研は，演劇的手法をテーマとしさまざまな校種や教科の教師，さらには教師以外の方々も集まってくるという点で特徴的である。けれどもそれだけでなく，研究会の進め方，そこでの教師の学び方の点でも特徴的である。以下，それらについて見ていくことにしよう。

2. 研究会の目的と概要――演劇的手法を用いた学習の可能性

発足時，設立趣意として次の4点を掲げた。

1. 学習を，言語的情報のやりとりだけでなく，全身の感覚を使ったものへと変える。
2. 演劇的手法（ドラマ）に着目し，それを用いた授業の可能性を追究する。
3. 感情，身体，物語，想像力などの要素を組み込んだ，新たな学習論・授業論・カリキュラム論を構想する。
4. 教師自らが実践と理論を生み出す場にする。

演劇的手法を柱に掲げているが，筆者の関心は，演劇を学校現場に広めるところにあるわけではない。そうではなく，もっぱら頭で考えることに終始したり，想像力や身体感覚が発揮されないままになっていたりする学習のあり方を問い直し，学校における学習像や授業像の拡張を図るところにある。それが，設立趣意の1～3に反映されている。

筆者は，演劇的手法に関して次のような問題意識をもっている。今までにも，国語科や社会科などの授業において「動作化」や「劇化」といった手法が用いられてきた。これも確かに一種の演劇的手法である。しかし，それらにおいては多くの場合，事前に解釈した内容を身体や声をコントロールして表現する行為として演劇的手法が捉えられてきた。けれどもそれでは，動いてみることによる新たな気づきという，演劇的手法の本来の持ち味は発揮されないのではないか。そうした持ち味が発揮されるようにするには，動いて生み出されたものを感じるということを大事にして演劇的手法を構成する必要がある。この2つのタイプの違いを対比的に示したのが表3-2-1である。空間研では，基本的に「感じる」型の演劇的手法の可能性を追究してきた[1)]。

「学びの空間研究会」という名称は，「学びの空間を組み替えよう」という筆者の着想をもとにして，発足時に集まったメンバーとの相談を経て決定した。「感じる」型の演劇的手法では，学習者と周囲の空間との相互作用が重要となるのである。

表3-2-1　演劇的手法の2つの発想

「コントロール」型		「感じる」型
あらかじめ頭で考えておいたことを身体や声を使って表す	**活動の捉え方**	動きながら感じ，それによって次の行動が引き起こされる
理解が表現を一方的に規定	**理解と表現の関係**	表現が理解を促し，理解が表現を促すという相互循環
「完成品」がしばしば求められる	**求められる表現**	「完成品」は必ずしも求められない
架空の世界を自分の感覚を働かせて経験しない	**架空の世界**	架空の世界を自分の感覚を働かせて経験する
身体はコントロールの対象	**身体の捉え方**	身体は架空の世界を感じその世界を生み出す媒体

3. 研究会の立ち上げと運営――活動試行～実践報告のサイクル

研究会の例会は，現在では，EAST例会（於:東京学芸大学）とWEST例会（於:京都あるいは大阪の施設）とをそれぞれおよそ年5回ずつ開催している。もともとは関西のみの開催であったのが，2013（平成25）年10月の渡辺の現任校への転任後翌年9月からは関東でも開くようになり，今に至った。2016（平成28）年11月時点で，EAST例会が通算12回，WEST例会が通算24回を数えている。

参加者は各回およそ10名前後。小中高大の教師，演劇関係者などである。常連メンバーが多いが，特に参加に制限を設けていないため，その知り合いや同僚であったり，Webページ等で知ってやってきた新たな参加者もいたりする。EASTとWESTのそれぞれに事務局スタッフがおり，参加申込ページの作成，案内，当日準備，（WESTの場合）会場確保などを担ってくれている。

例会の時間は通例13時～17時半頃まで。内容は，活動試行および実践報告（後で詳細を説明）が中心で，それぞれ1～2点ずつ行うことが多い。その回の参加者の顔ぶれによっては最初にアイスブレイクの活動を行ったり，あるいは，研究報告や視察報告などを行ったりすることもある。

空間研の取り組みは，協同での活動試行－学校現場での実践－実践報告というサイクル（図3-2-1）をベースに進められる。

活動試行では，参加者の教師より，近々扱う予定がある教材を出してもらい，その教師が考えてきた，あるいは，その場で（私を含め）他の参加者から出された活動のアイデアをみんなで実際に体験してみることを行っている。その際，教材を持ち込む教師には，完成度が高い進行手順を事前に考えてくることは求められない。むしろ，その教師に教材に関する問題意識を語ってもらったり教材の内容を共有したりした後，活動を試しながら参加者同士でアイデアを出していくことを大事にしている。参加者が3名ほどずつのグループに分かれ，10～15分程度の時間をとってそれぞれ活動のアイデアを考え，その後それを発表し合って全員で試してみる，という形をとることもよくある。なお，その際，少なくとも最初のうちは，学年や時間枠等の現実的な諸条件は直接意識せず，まずは自分たちが楽しめ意義を実感できる活動になるよう自由にアイデアを出し合うことにしている。

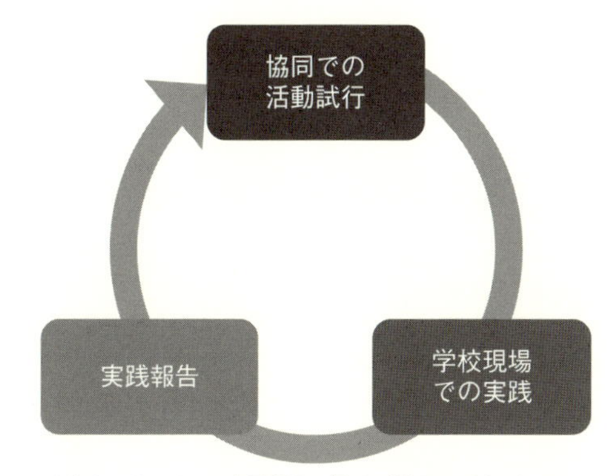

図3-2-1　空間研の取り組みのサイクル

活動試行をもとにして，教材を持ち込んだ教師は自らの教室で実践を行う。活動試行でさまざまなアイデアが参加者から出されてはいるが，最終的に教室でどんな形で行うかは，授業を行う教師が決める。

教室でどんな形で行い何が起こったか，それをどう捉えているかを，その後の例会においてその教師が実践報告として発表する。授業の様子の録画を再生したり，子どもが記入したワークシートなどを回覧したりすることもある。最終的に教室で行った活動を，あらためて例会参加者で簡単に体験してみる場合もある。

これまでこうしたサイクルを経験してきた教材は，小学1年国語「『音』をさがしておはなしづくり」，小学3年国語「きつつきの商売」（林原玉枝・作），小学6年国語「やまなし」（宮澤賢治・作），小学6年外国語活動「道案内」，高校2年国語「ヴェニスの商人」（シェークスピア・作），高校2年英語での英作文など計20以上にのぼる（それ以外に，活動試行のみや実践報告のみを行ったものもある）。全体的に，小学校段階，また，国語科や外国語活動におけるものが多かった。けれども，WEST例会では，2014・15（平成26・27）年度にＮＰＯ法人「子どもとアーティストの出会い」の「ダンスで，理科を学ぼう」のプロジェクトとコラボして，小学3年理科「磁石の性質」や小学4年理科「とじこめられた空気と水」の単元を扱ったり，EAST例会では，ドラマを通しての学習を特徴とする時間枠の教育課程への組み入れを図っている私立高校と連携して，「紙風船」（岸田國士・作）や「丁度それだけ」（ハロルド・ピンター・作）などの戯曲を用いたトピック学習を試みたりなど，新たな広がりも生まれつつある。

4. 研究会での教師の学びの実際
――小学6年外国語活動「キング牧師」の活動をもとに

協同での活動試行－学校現場での実践－実践報告のサイクルの具体例を紹介しよう。京都府の公立小学校の教師で空間研WESTの事務局スタッフでもある，藤原由香里さんによる小学6年外国語活動「夢をカタチにしよう　I have a dream」単元の実践を取りあげる。2015年1月17日のWEST例会にて活動試行を行い，同月下旬に藤原さんが勤務校において実践，次の4月10日のWEST例会で実践報告を行った。

藤原さんの問題意識は，次のようなものだった。『Hi, friends！2』では，小学校外国語活動の締めくくりとして，「オリジナルの物語を作ろう　We are good friends.」と「『夢宣言』をしよう　What do you want to be？」の2単元が置かれている。けれども，「オリジナルの物語を作ろう　We are good friends.」で扱われているのは桃太郎の話であり，歴史や人権問題に関心を寄せる子が多い今のクラスには物足りない部分がある。藤原さんはちょうど，英語芸術学校MARBLES代表小口真澄氏のワークショップで，アメリカの公民権運動をもとにした英語劇の活動（キング牧師のエピソードやローザ・パークス事件など）を体験していた。この題材であれば，『Hi, friends！2』における「We are good friends.」のテーマも活かすこともできるし，キング牧師の有名なスピーチ「I have a dream.」は「夢宣言」にも通じる。公民権運動を題材に，歴史的な文脈の中で言葉がもつ力を感じながら英語を学ぶ単元を，2 単元を統合・再構成してつくれるのではないか。

こうした問題意識を語って，活動試行では藤原さんはまず『キング牧師の力づよいことば』（ドリーン・ラパポート・文，ブライアン・コリアー・絵，もりうち すみこ・訳）の絵本を紹介した。そして，英語劇台本（小口真澄・作成）をもとに考えてきた活動をみんなで体験してみることを行った。試してみた活動は大きく３つ。１つめは，子ども時代のキング牧師が受けたかもしれない黒人差別の場面を小グループで考え，「静止画」の技法（ある瞬間を切り取った場面を複数名でピタッと止まった状態で表現する）を使って表し「White only！（白人専用だ）」といった台詞を発する活動。２つめは，白人優先席に座っていた黒人女性パークスに対するバスの運転手の「Give up your seat.（席を譲れ）」という命令に，パークスが「No.」と答えて席を譲らないやりとりを行う活動。３つめは，キング牧師の「I have a dream.」スピーチをふまえて，キング牧師が抱いていた夢を表す短いシーンを小グループでつくる活動である。

参加者たちでそれぞれの活動を試し，体験して感じたことをもとに話し合い，さらにアイデアを出し合った。

１つめの，子ども時代のキング牧師が受けたかもしれない黒人差別の場面をつくる活動では，部屋の中で各グループが散らばって，プールの場面，水飲み場の場面などをつくった。藤原さんがそれぞれの場所を，子ども時代のキング牧師となってまわっていく。グループのメンバーはそれに向かって「White only！」と言って拒否をする。単に各グループが順に「発表」を行うということではなく，部屋そのものが，さまざまな場所で黒人差別が行われていた当時の時代状況を表す空間となる。参加者の一人より，自分も子ども時代のキング牧師となっていろいろな場所をまわって拒否される側をやってみたいという声が出た。何名かがそれを経験し，「当時の黒人が置かれていた，居場所がない状況が痛切に身に迫ってき

子ども時代のキング牧師が拒否されるシーンづくり

た」といった感想を述べる。一方，ある参加者からは，「行く先々で立て続けに拒否されるのは（たとえそれが当時の黒人たちが実際に味わっていたものだったとしても）つらい，そのまま終わるのは心が痛い」という感想が出た。そこで今度は，別の活動として藤原さんが考えてきていた子ども時代のキング牧師とその母との「Mom，why？Am I a bad boy？（お母さん，どうして？　ぼくは悪い子なの？）」「No. You are as good as anyone.（いいえ，あなたはみんなと同じように大切で偉大よ）」というやりとりをそれと組み合わせてみることになった。つまり，子ども時代のキング牧師としてさまざまな場所で「White only！」と拒否される経験をした後，キング牧師の母役の藤原さんとこのやりとりを行うのである。これにより「救いがある」と感じられる活動になった。

2つめの，黒人女性パークスとバスの運転手とのやりとりに関しては，行ってみたところ，この状況下で「No.」と答えることの重みを感じないまま気楽に「No.」と言えてしまうのではないかといった疑問が出された。ここでの「No.」は本来，逮捕され牢屋に入れられる危険性と隣り合わせのものである（実際にパークスはこの件で逮捕されている）。それを感じられるような活動の構成の仕方はないか，アイデアを出し合うことになった。たとえば，パークスが「No.」と答えるたびに，「Give up your seat.」を言う側の人間を1人ずつ増やす（それにより象徴的な形で圧力の高まりを表す）といったものが出てきて実際に行ってみた。

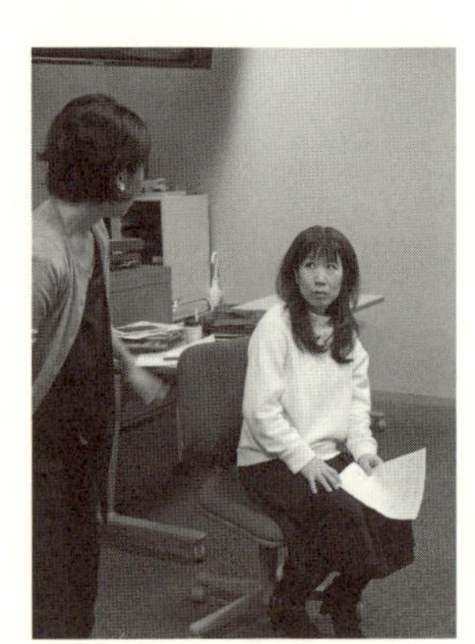
黒人女性ローザ・パークスとバス運転手とのやりとり

3つめの，キング牧師が抱いていた夢を表す短いシーンづくりは，最初に「I have a dream.」というセリフを言って，その後，夢の中身を簡潔に演じるという形で行われた。黒人と白人が一緒に食事をするシーンなどがつくられたが，終了時刻が迫っていたため，この日は発展させる時間をとることができなかった。

こうした活動試行でのアイデア出しと体験，ディスカッションを経て，藤原さんは勤務校での実践に臨んだ。

次の例会で，藤原さんによる実践報告を実施。特に，全8時間の単元のうちの第4時（地区の研究会の公開授業でもあった）に焦点を当てて，報告が行われた。

第4時の目標は，「キング牧師が描いた『夢』を伝える場面をつくろう」というもの。前時に行った，キング牧師が子ども時代に受けた黒人差別の場面を静止画でつくる活動（例会の活動試行でのアイデアをふまえて，藤原さんがキング牧師の母親役となって子どもを連れていく形で行われた）を改めて行った後，「I have a dream.」スピーチの動画の一部を見て，藤原さんが「キング牧師が生きていたら，今，87歳。もし，キング牧師が生きていたら，黒人たちのどんな光景を見て喜ぶと思う？」とたずねる。サンプルを1つのグループで示した後，グループごとでの短いシーンの創作に入った。例会での活動試行時よりさらにアレンジが加えられ，最初「I have a dream.」と言ってＢＧＭ（ジョン・レノンの「イマジン」のオルゴール曲）とともにシーンを始め，最後は We are happy. / We are all equal. / We are good friends. のいずれかを選んでそのフレーズを言って締めくくるという形になっていた。黒人と白人が一緒に食事をしているところ，同じ門（向かい合った2人が高く掲げた手をつないでつくっている）から黒人と白人が出入りしているところ，選挙活動の中でオバマ氏とトランプ氏が握手をしているところ，宇宙ステーション内で浮かびながら壁にぶつかった黒人をみんなでなぐさめているところなどのシーンを子どもたちは短い時間でつくりあげた。

こうした授業の様子を，藤原さんは，録画した映像を見せながら報告し，また，当日の学習指導案，振り返りの文章なども資料として配付した。他の参加者からは，映像からうかがえる，一見雑然とした状況の中での子どもたちの真剣さ，発表が完成しなかったグループがあっても受け入れられている場の安心感などに感嘆の声が出された。

映像を使いながらの実践報告

藤原さんは，学習指導案において，この単元で演劇的手法を用いることの意味を，「『役になる』，『状況に身を置く』ことにより，言葉そのものを発話するだけでなく，その言葉がもつ重み，感情，パワーを児童が全身で感じるような学習になる」点に見いだしていた。実践報告時の他の参加者とのディスカッションの中で，藤原さんは，「ゲームのようにYesやNoを言うのではなく，Yesと言うことの力強さ，Noと言うことの勇気を感じてほしかった」「言葉で対立を乗り越える生き方をしてきた人がいたことを知ってほしかった」と，自分が大事にしていたことをより浮かび上がらせていった。

5. 学びを深めるポイント
――教師自身による身体性・協同性・即興性の体験

空間研では，今の例で見たように，協同で活動を体験しながらアイデアを出し合うこと，その後教室で何を行い何が起きたかを報告し合うことを大事にしている。この藤原さんの例では，授業者が活動試行の前に活動のアイデアを比較的綿密に考えてきていたが，授業者が教材だけ持ってきて参加者同士で読み合わせをするところから始める場合もある。

研究会でこうした学び方を大事にする理由の背景には，まず，子どもに学んでほしいように教師も自ら学ばなければならないという私の考えがある。つまり，子どもに，身体を使って想像力を働かせて他者や空間と相互作用しながら学んでほしいのならば，教師もそうした学び方を行っていなければならない。子どもに，悩んでばかりで身動きが取れなくなるのではなく即興的にまずやってみて試行錯誤を通して学んでほしいのならば，教師もそうした学び方を行っ

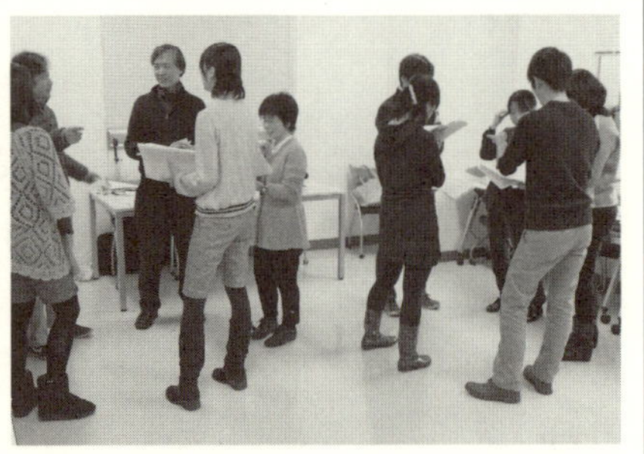

動きながら協同でアイデアを出し合って考える

ていなければならない。教師も自ら体験しているからこそ，そうした学び方のどこがポイントでどこに楽しさや難しさがあるのかといったことをつかむことができる。子どもに求める学び方と教師自身が行う学び方との同型性が必要なのである。

けれども，こうした研究会の進め方に対しては，時間がかかって非効率的ではないのか，汎用性があり完成度が高い活動（そうしたものを私が準備できたとして）を参加者に伝授していくといった進め方の方が効果的ではないのかといった疑問が向けられるかもしれない。確かに，その場でアイデアを出し合い進めていくようなやり方では，うまくいかないものも多数出てくるし，扱える教材の数も限られる。

しかし，そこにこそ教師としての学びを深める材料があると私は考えている。うまくいかないような例，体験してみて自分がひっかかりを感じるような例は，活動の本質や構成上のポイントを考えるためのよい手がかりとなる。たとえば，先のキング牧師の子ども時代の差別の場面づくりの例でも，「行く先々で立て続けに拒否されるのはつらい」といった一学習者としての感覚を入口にして，この活動でめざすべきもの，架空の世界における感情の保護の必要性やそのやり方といった重要なポイントへと話し合いが進んでいった。

演劇的手法を用いた学習活動のやり方の習得を目的とするのならば，確かにこうしたスタイルは非効率的かもしれない。けれども，本研究会でめざすのは，むしろ，考え方のトレーニングである。そのためには，このようにポイントを浮かび上がらせてその意味とそこで取りうる選択肢を参加者同士が協同で考えるこうしたスタイルはかえって近道となる。

実践報告に関してもこれはあてはまる。実践報告時には，必ずしも，活動試行で行っていたものが実際の教室でもうまくいったような例，いわゆる成功例の報告を求めるわけではない。うまくいかなかった例の報告も同様に歓迎している。それによって，その活動のポイントを掘り下げて考えることができるからである。たとえば，小学3年国語「きつつきの商売」をもとにしたサウンドスケープ（各自が声を使って音を出し合い，その場面の音の景色をつくる技法）の活動で，例会での活動試行のときには情景をイメージしながら音を重ね合わせていくことができていたのに，実際の教室では子どもたちがただ自分の音を言い合うだけになってしまったということがある。しかし，その報告から，その活動で何が欠けていたのか，子どもたちが音を聴き合えるようにするにはどうすればよいか，参加者同士話し合い，検討することができた。

6. おわりに

筆者は教育方法学を専門分野として，演劇的手法を用いた学習について研究してきた研究者である。そうした人間が専門のテーマに関する研究会を主宰するとなると，どうしても，研究者＝教える側，他の参加者＝教えられる側という構図になりやすいと考えられる。

けれども，私自身は，その構図に収まらないものをめざしてきた。もちろん，一定の専門的素養と経験をもった者としてさまざまな素材を提供はするし，一参加者としてアイデアも出す。しかし，私が最も力を注いできたのは，研究会が（私を含む）参加者同士で高め合っていけるコミュニティになるようにするための場づくりである。

この理由は２つある。

１つは，究極的には私がいなくてもまわるような自律的な実践研究グループを形成できなければ，研究会の設立趣意に掲げているようなより大きな目標には近づけないと考えるからである。私個人が直接個々の実践研究に関与できる範囲は限られている。けれども，自律的な実践研究グループを形成することができ，さらにそうした教師同士のつながり方が広がっていけば，研究会の範囲を超えて，演劇的手法を切り口にした学習像・授業像・カリキュラム像の問い直しを教師たち自身が行って実践と理論を生み出していくことが可能になる[2)]。

もう１つは，実際にそれぞれのフィールドで実践する教師の実践知が尊重されるべきだと考えるからである。実践のやり方に絶対的な正解がなく，また，フィールドでは絶えず状況が変化する以上，最終的にはその場にいる実践者自身が，どうふるまうかを自分で判断しなければならない。そのため，誰かが「正解」を手渡しておくような形には無理がある。空間研では，集まってきた参加者たち自身がアイデアを出し合い，やってみて，そこでの出来事をもとに考える。さらに，実際に教室で行ってみて，そこでの出来事についても互いに共有して掘り下げる。こうした自律的なリフレクション（省察）のサイクルを教師同士協同しながら経験することが，フィールドでの判断の仕方，実践知を磨いていくためには最も有効であると考えられる[3)]。

これまでこうした考えで研究会を運営し，私自身，演劇的手法を用いた学習やそれに関わる教師の成長について，多くを学んできた。

研究会にはまだ課題も残されている。たとえば，実践報告をどのような形で行うのが効果的かといった問題は，依然，検討の余地がある。演劇的手法を用いた学習では，動きや表情や声の調子など非言語的要素が果たす役割が大きい。そのため，実践報告時には動画の活用が有効である。しかし，何を撮影しておくのか，どこを切り取って見せるのがよいか，実践の事実の提示と実践者による意味づけとをどのように組み合わせるのがよいかなど，まだ試行錯誤の段階である。

学びの空間研究会をここまで続けてくることができたのは，事務局スタッフをはじめとする多くのメンバーのおかげである。改めて感謝の意を表したい。

1）詳細は，拙稿「動き，感じ，つくりだす媒体としてのからだ」教育科学研究会編『教育』829号，2015年2月や連載「授業で活かす　演劇的活動のチカラ　①～⑧」『演劇と教育』第611～618号，2009年1～10月など参照。
2）実際，空間研の取り組みに触発されて，福岡でドラマ教育の研究会を立ちあげた方もいる。
3）教師が行うリフレクション（省察）の深め方や意義に関しては，教師教育学者コルトハーヘン氏が提唱するALACTモデルが参考になる。フレット・コルトハーヘン著，武田信子監訳『教師教育学　―理論と実践をつなぐリアリスティック・アプローチ―』学文社，2010年を参照のこと。

3 子どもを語り，事実を綴る
――私たちが実践の主体者になるために

元愛知県立特別支援学校　竹沢 清

1. 記録を問うことは，実践を問うこと

（1）実践の要は，人間についての洞察

私は経済学部を卒業して，高校の社会科の教員になるつもりだった（1969〈昭和44〉年）。大学4年の3月，赴任先が「一宮ノ一学校」に決まったとの連絡を受けた。てっきり，「愛知県立一宮農業高校」だと思った。そんな学校はなかった。「一宮聾学校」だった。まったく障害児教育を知らない人間が，聾学校に行く――。当時，県立ということで，高校と障害児学校は人事が一緒だった。

校長さんが「3年しんぼうしたら，高校に出してやる」と言った。だが，聾学校に38年間勤めた。一宮聾学校，千種聾学校，2つの学校で定年退職だった。

障害児教育，長続きの秘訣は「人間のめんどうくささの中に，おもしろさを見つけること」と言っていいだろうか。

隼人（聴覚障害・多動，小学2年生）が登校してきた。廊下に→を書いた紙が貼ってある。彼はそれを追って先に行く。行きついたのは会議室。県下の聾学校の新任教員の研修会場だ。彼は入りたい。「ダメ」と言われれば，ものを投げつけて，ガラスを割るかもしれない。

私は，「うちにはこんな子もいるんで」と断りつつ，会場に入れさせてもらった。机がロの字になっている会場の後ろに，傍聴者のように，2人並んで座った。しばらくしたら，隼人がスクッと立って，最敬礼をして出て行く。（なんや，もっとおもしろいものかと思った）とでもいうように。多動と言えば，身もふたもない。「好奇心旺盛すぎ」と言ってみたらどうだろうか。好奇心がいったん満たされたら，自ら切り換えて出て行く，それが人間――。

まったくの素人であった私が，障害児教育にたずさわり続けられたのは，子

どもの事実と出会い，「人間の奥深さ」を感じ取る喜びがあったからだ。
実践の要は，「人間についての洞察」。

（2）子どもを語り，記録を書く

近頃私は,「実践の力をつけるためには，どうするといいか？」と聞かれたら,「子どもを語ること」「実践の記録を書くこと」と答えることが多い。

子どもを語り，記録を書くことを通して，自らの実践を振り返る，そして，そこからまた，新たな働きかけを試みる――その過程の中で，私たちは，子どもの内面世界を発見し，実践の主体者になっていく，という意味だ。

これまで私たち，愛知県の障害児教育の教員は，「愛知障害児教育研究会」という実践検討の場を，月1回，持ってきた。1980（昭和55）年の立ちあげ以来（途中，休憩がありつつも），200回は続いていることになるだろうか。

従来，公的な形での，障害種別の研修などは行われていた。だが，障害種を越えての，権利としての障害児教育・発達保障を促す実践研究はなされていなかった。また，養護学校義務化（1979〈昭和54〉年）は迎えたものの，経験の浅い教職員が多く，集団の力で実践的な中身をつくり出したいとの願いで，自主的な研究会を立ちあげた。大学を借りての例会であった。

テキストをもとにしての文献学習（たとえば，茂木俊彦『障害児の発達と保育』青木書店，1982年など）と実践検討を，1か月おきに行ってきた。実践検討を隔月にすることで，例会を無理なく継続させたいとの思いがあった。

参加者は15人から20人で続けてきた。そして,2か月に1回,B5判,10ページの機関誌を出し，主に，例会の内容を載せた。

次の，福井和子さんの実践も，そうした場で報告・検討されたものだ。

この福井さんの書いた記録をもとに,「実践を集団で検討すること」「実践を記録すること」の良さ・意義を考えてみたい。

2. ＜はじめの記録＞「由美さんの問題行動をどう捉えたらいいのか」

養護学校に勤める福井さんは，以下の文章をもとに，実践報告をした。

① 問題行動をどうとらえたらいいのか　福井和子

<はじめに>

この１年，由美ちゃん（養護学校中１）の起こすいろいろな問題行動に直面するたびに，ため息をつき，指導の方向をつかめないままに対処してきたのが実状です。

<成育歴と家族状況>

右片マヒ，てんかん。出産は正常で，１歳の時ひきつけを起こした。就学前は，地元の幼稚園に入った。会社員の父と母，妹の４人家族。

<学習状況>

学力としては，小１，２程度の力は持っているが，計算問題や漢字の練習などの機械的な学習を好み，応用する力が弱い。

<学校生活>

動物や草花が好きで，家で飼っている犬の話をよくする。

<家でのようす>

家では留守番が多い。母親は，妹のけいこごとの送迎や買い物に出かけるため。イヌには食事ごとに会いに行く。（以下略）

3. <書き直した記録>子どもが見えてくる記録

この報告を聞き，私たちは実践を検討した。実践検討の後，福井さんは，記録を次のように書き換えた。

② 由美の目に涙が――「問題児」が心ひらくとき　福井和子

<物を投げる・人をたたく>

○月○日　裕一のノートをゴミ箱に捨てる（休み時間）
○月○日　千織の写真をビリビリに破る（休み時間）
○月○日　ビニール製のバットで，突然たたく（休み時間）

この１年，由美の起こすいろいろな問題行動に直面するたびに，ため息をつき，指導の方向をつかめないままに対処してきた。

由美の問題行動には特徴があった。「同学年の生徒に」「教師のいないとき」「自分より弱い子を，限度なくたたく」などである。

私たちは，「説教をする」「同じことをして痛さを味わわせる」などの形で対処していた。しかし，対症療法でしかなかったようだ。

<由美のさびしさに共感>

私は改めて，由美の生活のありさまを思い浮かべてみた。

「授業中は，自分から話すことは少なく，休み時間には，大きな声が出る」。けれども，「人と顔をあわすと，“恥ずかしい”といって逃げる」など，彼女の「人に働きかけていく力」がいかに弱いかが見えてきた。

由美は,「仲良くなりたい」と思いつつも,力が不十分で,関わっていけば問題を起こす……これが休み時間に「事件」が集中している理由ではないか。
こうした由美には,後追い的な対処ではなく,「人と人が関わっていく」活動を組織していくことが大切だった。
由美は家では,1人で留守番をしていて,眠ってしまうことが多い,という。学校では友だちとうまく関われず,家庭でも,犬を相手にしている由美……。私は胸がしめつけられそうだった。
私は前に,由美は動物や花が好きだ,といった。しかし,そうではなかった。由美は,人とうまく関われないから動物や花と関わっていかざるをえなかった……。
<本気で怒る正夫>
ゴロバレーのとき,由美は,相手チームからのボールを,力まかせにレシーブし,コートの外に出してしまっていた。ニタニタ笑いながら,アウトボールを連発する。
「由美といっしょにはなりたくない」という生徒たち。由美は次第に孤立していった。そこで教師が中心になって話し合いをさせた。「1番目のレシーブはさせない方がいい」「やさしくレシーブするよう声をかけよう」。
しかし,1番目のレシーブに突進して,アウトボールは続いた。とうとう,正夫たちが「僕たちのチームが負けちゃうぞ」と,本気になって怒り出した。そのとき,由美の目に涙が……。
ケンカしても泣いたことのない由美が真剣になって怒った友だちに,涙を浮かべて素直に,自分をあらわしたのだった。本物の人間同士の関わりが,ここから始まる,私はそう感じた。

4. 事実と事実をつなぐと真実が見えてくる

はじめの記録と,書き換えの記録の,どこが違うか。またその違いは,どこから生まれてきたものなのか。それを明らかにすることで,「実践検討すること」と「記録すること」の意義が見えてくる。

(1) 子どもの内面理解とは

最大の違いは,「由美さんをどう捉えるか」にある。
犬が好き,花が好き,と事柄を,並列的に,かつ分散的に挙げている限り,由美さんを深部から・内面から捉えることにはならない。本来,わかるとは,事実と事実が結びついたとき,(この子がわかった!)となるからである。
福井さんの報告を受け,私たち参加者は,「由美さんはどういう子か」に論議を集中した。ただ，福井さんはそのとき，次々と起こる問題行動に翻弄され，なぜそうした行動が起こるのか，に十分思いが至っていなかった。

だが，挙げられているいくつかの事実からも，人と関わる力の弱さが，垣間見えてくる。そして，それらをつなぎ合わせることで，由美さんの全体像，中心的な課題が，いっそう鮮明に浮かび上がってきた。

まず，休み時間に問題が起きている。それは，言うまでもなく，授業中より，休み時間は，人と関わる機会が増えるからにほかならない。

決定的なのは，犬が好き，花が好き，の位置づけだ。

人とうまく関われない，だからこそ，犬に関わり，花に関わる――。好きとか嫌いとかいうレベルではなく，そうせざるを得ない由美さんのさみしさに思いをはせた。そのときから福井さんの本当の指導が始まった，と言っていい。

(2)「本気で怒る正夫」のリアリティ

この場面も重要だ。時間的に言えば，この場面は，研究会で検討した“直後に”起きた出来事である。福井さんが，みなさんの論議を聞きつつ，（人間と関わる力を育てなくては）と由美さんの今後の実践方針を思い定めていたときに出会ったのだ。

だからこそ，見逃せばそれまでという場面を，すくい上げるようにして捉えることができた。いわば，「焦点を定めて」由美さんに心を寄せていたからこそ，福井さんの目に入ってきた。意図をもっての働きかけだからこそ，ここの文章がリアリティをもって迫ってくる。ひとまず，記録にとめ，集団での実践検討をくぐることで，子どもを見る目が確かになっていく――私たちに，記録や実践検討の意義を，象徴的に教えてくれる。

(3) 記述にも違い

●題・小見出しの違い

2つの文章で，「子ども理解」だけでなく，記述においても違いがある。

○「題」の違い

「問題行動をどうとらえたらいいのか」と「由美の目に涙が――『問題児』

が心ひらくとき」では，②の方に，心ひかれ，読みたくなる。

それは，書き表そうとする中身の違いでもある。

私の本『子どもが見えてくる実践の記録』（全障研出版）の解説で，中野光さんは「題は実践者の思想を表す」と言っている[1)]。書き手は，最も言いたいことを，題に込めてつける，ということだ。

最初の文章①の題は，問題行動自体を問題にしているように見える。一方，②は問題の所在とともに，実践の方向までも，指し示している。だから，（読んでみよう）という気持ちにもなる。

○小見出しも異なっている

①は，「学習状況」「学校生活」など，カタログ的な小見出しになっている。②は問題行動と一般的に言わずに，その中身である「物を投げる・人をたたく」など具体的な行動が小見出しになっている。小見出しを見ただけで，その後に展開される中身が予測できる。

●文章に「私」という主語が入っている

これは，私（竹沢）が福井さんに，「私は」という主語を入れて書き換えてほしい，と注文したものだ。一般的には，「私は」という主語を入れると，主観的になると言われるであろう。だが，教育実践にとって，実践者の意図は欠くことができない。「私は」という主語があれば，その後に，実践者の思い・意図が書き込まれることになる。

子どもの姿と教師の意図が書き込まれることで，子どもと教師の，関わり合いが見えてくる。そうした人格と人格の呼応関係こそ，本来の実践の姿であり，書くべき記録の中身でもある。

（4）「福井さんでないと書けない」――記録の書き方講座の感想から

私は，何度か，実践記録の書き方講座で，この２つの文章を使ってきた。比較し，読み合うことで出された感想が，違いをいっそう際立たせてくれる。

●由美さんへの距離が近くなった

○「①は，さまざまな情報・事柄が列挙されている。②は，情報としては，むしろ減っている。だが，実践に，当面必要でないものを削ることで，逆に，本質が見えてくる」

○「①は，客観的な記述に見えるが，由美さんとの距離を感じてしまう。観察者的，新聞記事的な文に思える。②は，福井さんの思いが書き込まれ，福井さんの温かさが見え，由美さんとの距離が縮まっている」

○「①は福井さんでなくても書ける。②は福井さんでなければ書けない」

○「①のように，事柄・事実だけしか書かれていないと，実践者の思いが読み取れず，経過報告的になり，表面をなぞることになる。②のように，『事実』と『その事実の意味づけ』が書かれることで，福井さんの思いもくみ取りながら，納得して読み進むことができる」などなど。

●「はじめの記録」があったから

私は当初，①は由美さんのことがよくわからず，②は伝わってくると，①を否定的に評価していた。そうではない。①の記録が書かれ，報告と論議をしたからこそ，②の記録が生まれた，といっていい。

不完全でもいい，ひとまず文字化し，報告すること。それをもとに，集団での論議がなされ，実践が客観的に位置づけられていくことで，記録もまた，他者に伝わるもの・客観性を伴うものになっていく。記録は，書き直していくものでもある。

5. 実践の記録の意義と書き方

（1）主体形成に記録は欠かせない

それにしても，なぜ実践主体を形成するために，実践記録なのか。

「実践」の成り立ちが，それを物語ってくれる。「実践」という言葉は，1930年代に生み出された，という。それまでは「理論」と「実際」と言われ，教師は，いわば下請け的な「実際」を担っていた。それに対し，生活綴方教師が，天皇制教育に抗し，自分の頭で考え，みずから実行する――その「理論」と「実際」を総合した営みを「実践」と称した。そして，その過程を記したものが「実践記録」である[2)]。

勝田守一が「実践記録は教師の生活綴方」と言っている[3)]。

生活綴方は，作文を上手に書かせようとするのではない。書くことで，自分を見つめ，社会を捉える眼を養おうとする。

それを，今度は教師が自らに課す――それが実践記録である。

書き言葉は話し言葉と違って，抵抗が強い。私たちは文章を書くとき，(事実・場面を，どう表現することが最もふさわしいか) を逡巡しながら書く――その過程が，認識を深めることになる。書くことで，気づくことも多い。記録を書くことは，自分の実践を振り返り，認識を深め，確信をもつことにつながる。

改めて言えば，ビデオは，集団で検討するときには有効だ。本人が見落としていた事実を，集団の力で捉え直すことができるからである。だが，実践者が実践をしている最中の，自分の心の動き・内面を映像化することは困難である。ましてや，実践者自身が，子どもと真っ正面から関わっている決定的瞬間は，撮影することはできない。

となれば，子どもや実践者の内面を描くのは，文字としての記録である。

(2) 実践の記録4つの課題

実践の記録を書くことの困難さ・課題は4つあると私は捉えている。

「実践の方向性」「事実の切り取り」「事実の意味づけ」「記述」の4つである。

①実践の方向性――記録の基本

冒頭に，「実践記録を問うことは実践を問うこと」と記した。実践の展開こそが記録の基本である。そのことを私は，「実践の方向性」と称している。

実践の要は子ども理解であり，とりわけ問題行動をどう捉えるかにある。

問題行動一色の子はいないにもかかわらず，私たちは問題行動のみに目を奪われがちだ。その子のねがいがありつつも，それをストレートに表すことができず，“屈折した形で”表す。となれば，私たちは問題行動から，その子の本当のねがいを読み解くことが大事だ。それを私たちは「問題行動を発達要求と捉える」と言って来た。「困った子は困っている子」でもある。

聴覚障害で自閉症の俊作（小学3年生）は，思うに任せないとき，額を机に打ちつけ，血を出す。また，ものを投げて，ガラスを割る……。

その俊作が，鬼ごっこをしていたとき，同じクラスの香織とぶつかって倒れた。そこに鬼が来て，俊作にタッチした。(ああっ，額ガンガンだ！) だがしない。(香織，大丈夫か）とばかりに，香織をのぞき込んでいる。香織が好きなのだ。そうか，俊作は人と関わりたいと思いつつ，自閉症であるがゆえに，うまく関われない。だから，ものに当たって，投げつけ，ときには気持ちを内側に向け，自傷行為をする——。

となれば，俊作の課題は，もの投げをやめさせ，自傷行為を止めることではない。遊びなどを通して，人と関わる力を身につけさせていくことだ。

②事実の切り取り——子どもの輝きを実感でとらえる

材料がなければ料理ができない。それと同様に，子どもの事実がなければ，記録は書けない。私はよく「メモをたくさん取るのか」とたずねられる。むしろ少ない。

その日の「子ども発見」ともいうべき，キラッと光った姿となると，1日にせいぜい1つか2つである。そんな子ども発見の事実を，親との連絡帳に書きとめる。私にとって記録の始まりは，親との連絡帳である。

(念のために言えば，連絡帳，「よいことはその日文章で，悪いことは頃合いを見て口頭で」と心がけている。キラッと光る場面——それが文章で書かれていればくり返し読み，我が子の可能性を感じる。だが，悪いことが文字で書かれていると，親はくり返し読んで，いっそう落ち込んでいく。だから，悪いことは受け止める余裕のある，頃合いを見て口頭で，となる)

ADHDの直行（小学5年生）は，1番になれないと，名札を引きちぎって，外に飛び出していく。

その直行が，ティッシュの箱を土台に，飛行機を作っていた。尾翼がうまくつかない。あちこち細工をしていて，そのうち，「まっ，いいか」とつぶやいた。

(あっ，あの直行が，折り合いをつけた！)

私は，この場面を目に焼きつけ，連絡帳に書く。(この子にこうなってほしい）と，ねがいをもち続けていると，ときに，(1歩近づいた！）と思える瞬間がある。その場面こそ値打ちある事実。それを連絡帳に書き，1か月ほどまとめて，コピーする。そこから事実を抜き出せば，私の「○○君メモ」ができあがる。そして，事実と事実をつなぎ，意味づけていくことで，記録の流れができる。

③事実の意味づけ——事実の見え方が変わってくる

何気ない出来事・事実であっても，意味づけによって，改めて，意義あるものとして浮かび上がってくることがある。

福井さんの記録の，犬が好き，花が好き，がそうである。関連づけ，意味づけることで，「人間と関わる力の弱さ」が鮮明になった。

事実と事実がつながったとき真実が見えてくる。

次のようなやり方で書いてみたらどうだろうか。

事実メモに基づいて“口頭で”報告をする→それを集団で論議する→“その後に書く”。メモをもとに，その事実はどういう意味をもっているのか，集団で話すことで意味づけをし（してもらい），その後に書くと書きやすい。遠足の作文を，場面の思い出しをしてから，書かせると書けるように，である。

書いた後だけでなく，書く前にも，仲間・サークルの力は必要と言っていい。

④記述――実践者としての文章を

私は２つのことを心がける。

①「私は」という主語を書く

「私は」という主語をつけると，その後に，実践者の意図を書き込むことになる。実践に意図は欠かせない。

ただ，「私は」という主語をつけよ，と言えば必ず，主観的になるのでは，との疑問が出される。だが，私たちはすべてを記録することはできない。実際には，さまざまな出来事の中から，（値打ちがある）と判断した事実を，自分の判断で“主観的に”切り取っている。いわば，主観に陥りがちだからこそ，自分のやってきた実践が，理にかなっているかどうか，集団で検討してもらう。私の言葉で言えば，「主観で切り取り，客観でつめる」。

ところで，私は，「データ」と「事実」を意識的に分けている。

働きかけを通して，実感を伴って捉えたものを「事実」と言い，資料的なものを「データ」と称して，区別している。「客観性」に縛られるあまり，私たちは，つい，実感・直観でとらえた事実を，手控えてしまいがちだ。だが，福井さんの，休み時間にトラブルが発生している，犬好き，花好きのように，感覚的に捉えた事実を，関連づけ，意味づけると，新たな，そして重要な意味を帯びて，見えてくる。

②言葉だけでなく，事実で

私たちはともすると「主体性が育った」「集団が高まった」と言葉だけで言いがちだ。私は，あくまでも，事実で話し，事実で書くよう心がける。

「“やらんでもいいことをやる” 陽一」と言った後も，こう言い添える。「6時間目が終わったら，中庭のコスモスの芽を，一つひとつ踏んで帰っていくんです」と。

「事実があればイメージがわく，イメージがわけば，伝わる」。——思いを表し，伝わる文章の決め手は，このことに尽きる。

6. 元気であり続けるために

今日，子どもや教師をめぐる状況は厳しい。その中で，元気であり続けるためには何が大事か，まとめ的に記してみたい。

〔その1〕小さな変化に喜ぶ

小さくても変化が見えるとき，私たちは希望をもち続けられる。

多動の茂の母親が，ある日連絡帳に書いてきた。

「昨日のおやつは，ビスケットに動物の絵が描いてあって，1つ食べるたびに，絵を見て『茂はぞうさん，お母さんはウサギだね』と言いながら，食べました。お菓子を見ればただがむしゃらに食べるだけでしたのに，こんなにゆっくり食べられるなんて，ほんとに夢のようでした」

思いつくと，突然外に飛びだしていく茂，その茂が，次第に目的的な行動がとれるようになり，お母さんと（身振りをまじえ）話をしながらお菓子を食べた。社会的に言えば，なんということのない出来事。だが茂の歩みに照らせば，夢のような出来事。

事実は小さくても，その中に含まれる人間的な価値は大きい。

〔その2〕書いてこそ在（あ）る

私たちは，子どもの事実に励まされて，親や教師になったりしていく。

隼人が小学4年生の3月20日。定年を迎える私の，現役生活最後の日だった。終業式が始まる前，隼人が職員室にやってきた。突然身振りで私にたずねる。「竹沢は中学に行くのか」

一瞬何のことかと思う。だが，すぐにこう判断した。隼人は家で，お母さんから「4月になったら，竹沢先生はいなくなるよ」と聞かされているに違いない。そして，同じクラスの，直行（小学6年生）が，3月15日の卒業式以来，中学に行くといって学校に来ていない。となれば，竹沢もまた，中学に行くのかもしれない……。私はすかさず，「そうだ，中学に行く」と答えた。

私は，新年度4月からの隼人のことがずっと気がかりであった。その彼が，今そう納得することで，スムーズに切り替えることができるなら，それが私の最後の仕事――。だから，迷わずに「そうだ」と言い切ったのだった。するとそれを聞いた隼人が，何も言わずに，私の机の上に並んでいた本を，近くの段ボール箱に詰めはじめた。無言で詰めている姿を見ながら，私は，彼が，（先生，わかった。もう行っていいよ）と言っているように思えた。

隼人は小学2年生のとき，思いどおりにいかないと，廊下にひっくり返っていた。私は彼を追いかけて，足が腱鞘炎にもなった。その彼が今，こんな形で私を送り出してくれている。38年間の教員生活最後の日もまた，子どもに励まされているのだった。

私はよく，「書いてこそ在（あ）る」と言う。もし私が書かなければ，隼人との終業式の日の出来事は誰も知らない。だが，書くことによって，隼人の，このささやかだが人間としての輝きは，時間と空間を越えて伝わり残っていく。

〔その3〕社会への発信

また，記録を書くことは，社会にとっても意味がある。

困難を抱える子も含め，誰もが発達する――そうした姿は，「できる―できない」で見る今日の能力主義的な人間観に揺さぶりをかけ，人間の捉え直しを提起する。記録を通しての社会への発信，それは私たちの責務である。

この子たちが問いかけるもの，それは糸賀一雄（近江学園）の「この子らを世の光に」という言葉に集約される。

改めて言うならば，「子どもは発達の主体者，私たちは実践の主体者」。

〔参考文献〕

1）中野光「解説文」竹沢清『子どもが見えてくる実践の記録』全障研出版，2002年
2）同上
3）勝田守一『勝田守一著作集』第3巻，国土社，1972年

コラム4

今読み継ぎたい実践記録

京都大学大学院教育学研究科大学院生　中西修一朗

子どもの生活丸ごとの教育から授業の世界へ

ここでは，戦後の代表的な実践記録をみていこう。実践記録の復権は東北の山村から始まった。無着成恭の『山びこ学校』（青銅社，1951年）である。無着は貧しい山村の現実と向き合い，生活綴方を通して社会の矛盾に鋭く迫った。本書が先駆けとなり，その後，生活綴方を巡る実践記録が続く。相川日出雄は『新しい地歴教育』（国土社，1954年）で，小学4年生と郷土の地理や歴史をたどり，綴ることを通じて主体的な社会認識を育んだ。生活綴方は教科のみならず学級づくりにおいても注目され，小西健二郎の『学級革命』（国土社，1955年）はその代表と言える。戸田唯巳の『学級というなかま』（牧書店，1956年）もこの系譜の名著であり，盗みをくり返す子どもが内面を綴った終章は，涙なしには読めない。また，土田茂範の『村の一年生』（新評論社，1955年）は，初めて1年生を受け持った教師が，ひら仮名の一つも知らない子どもたちと悪戦苦闘する記録であり，基礎教育の大切さを改めて考えさせてくれる。

生活綴方を基本とした実践記録からは，子どもの生活全体に取り組もうという熱意を感じる。ただし，教師の仕事が無限に広がり，拡散してしまう危険をも予感させた。このようなとき，西では東井義雄が『村を育てる学力』（明治図書，1957年）で教科と生活との関係を問い直す授業づくりを提起し，東では斎藤喜博が『未来につながる学力』（麦書房，1958年）で授業こそ教師の本領であると高らかに謳(うた)ったのは偶然ではないだろう。授業を分析する彼らの主張は，今日の授業研究に対しても確固たる視点を提供してくれる。

教科学習と生活教育，それぞれの展開

片やこの頃には，数学教育協議会などの民間教育研究団体が科学的な教育内

容・教材を求めて研究を蓄積していた。これが授業を重視する実践記録の風潮と結びつき，たとえば1963（昭和38）年には仮説授業実践が成立した。中心教師の一人である庄司和晃は『仮説実験授業』（国土社，1965年）で，科学的な教育のあり方を実践にもとづいて理論化した。こうして「教育の現代化」以降の実践記録は，教師と子どもの発言をていねいに追って教材も掲載し，授業場面を把握しやすくなった。さらに，教師の技術伝達の手段として授業記録のあり方を模索した向山洋一の『授業の腕をあげる法則』（明治図書，1985年）や，子どもが追究したくなるネタ探し，教材づくりを主張した有田和正の『教材発掘の基礎技術』（明治図書，1987年）が現れた。

一方，教科における指導ではなく子どもたち同士を結びつけることに焦点を合わせたのが，大西忠治の『核のいる学級』（明治図書，1963年）である。大西は生活綴方的な学級づくりの楽観性を批判的に克服しようとした。母胎となった全国生活指導研究協議会は，集団主義の理論を柔軟化させつつも，現在に至るまで実践記録を積み重ねている。竹内常一の『おとなが子どもと出会うとき子どもが世界を立ちあげるとき』（桜井書店，2003年）には，家庭や学級で問題を抱える子どもに寄り添う生活指導の実践が見られる。

翻って教室の中だけに留まらず，目で見て・手を動かす学習を重視したのが，生活教育論の系譜である。若狭蔵之助の『生活のある学校』（中公新書，1977年），鈴木孝雄の『一年生の四季』（草土新書，1977年）は，共に低学年から手工を取り入れるなど，遊びを含めた体験の充実を教育の根底におくことで，借り物ではない本物の認識を子どものものとした。このような生活教育は，後に金森俊朗の『太陽の学校』（教育史料出版会，1988年）へとつながった。教室から飛び出し，町も田んぼもすべてが学校だと宣言した本書における子どもたちの躍動には，実践記録の本懐を見る思いがする。

本を読むことは，時の垣根を越えてさまざまな人生を生きることだという。実践記録もまた，私たちが経験し得ない教室―けれどもこの国のある時代に存在した教室―へと私たちを連れていく。その継承こそ明日の授業を切り拓く糧となるだろう。戦後の実践記録について，より詳しくは田中耕治編『時代を拓いた教師たち』Ⅰ・Ⅱ（日本標準，2005年・2009年）を参照してほしい。

コラム 5

教材研究の力の磨き方

京都大学大学院教育学研究科大学院生　徳島祐彌

4年生算数科の単元《面積（正方形・長方形）》の授業を終えたS先生を想像してみよう。S先生は，楽しく量感を養うために，児童に方眼用紙をわたして面積が16 cm^2，26 cm^2，36 cm^2 となる図形を好きなように描かせた。単元の最後には，計算練習のために「身のまわりの面積を測ろう」と題して辺の長さを書いたタンスや封筒などの写真を配り，各自で面積を求めさせた。

教材と素材：方眼用紙は《面積》のよい教材になっているか？

図形を描く活動を通して，児童が何を学んだのか考えてみよう。確かに10 cm^2 の広さの違いを実感した児童もいるだろう。しかし，16 cm^2，26 cm^2，36 cm^2 の面積の図形を作ることで，どれほど量感を得たといえるだろうか。指定の広さの図形を描くことができた児童は，量感をもっているというよりも，方眼用紙を用いて正確に面積を計算できる児童だと考えられる。

教材研究においては，今教える「面積の量感を養う」こと（教育内容）と，方眼用紙（教具）との結びつきを考えることが重要である。○ cm^2 の感覚をつかませるのであれば，本や机など身近なものの面積を求める活動が有効であろう。面積が10 cm^2 や20 cm^2 に近いものを探しだし，カテゴリーに分ける課題を与えるのもよい。また，「1 cm^2，1 m^2，1 km^2 を区別できる」という意味での量感を養うのであれば，厳密な10 cm^2 にこだわる必要はない。それよりも，身のまわりの○ cm^2 や○ km^2 の表示を探す活動など，児童が自分でイメージをつかみ取っていく教材を開発することが大切である。

教材と目標：《面積》は何のために教えるのか？

「量感を養う」ことは，《面積》の一つの目標である。その他にも，「方眼用紙を使用できる」や「公式を用いて求積できる」などの目標が考えられよう。では，感覚や計算の先にある，《面積》を扱う目的とは何なのだろうか。

こういう考え方がある。児童は日々，いすや鉛筆を見たり触ったりする。しかし，（表）面積を持つものとしてそれらを見ることはない。その概念をもっていないからである。面積という用語を知り，面積は計算や比較ができることを理解して初めて，児童は面積の目で物事を考えることができる。すなわち，《面積》とは世界を算数的に見る一つの手法を獲得する時間である，と。

こう考えると，S先生が用意した「身のまわりの面積を測ろう」という活動は，「面積の練習問題」の域を超えて，「面積という目で世界を見る活動」というきわめて重要な色彩を帯びてくる。そのためには，部屋の間取りのように，日常的に面積を用いる場面から教材づくりをすべきかもしれない。また，「違う形でも面積を比べられる」ことを理解させるために，方眼用紙を使った作図の課題は有意義な学習になる。どのように《面積》の目的を捉え，目標を設定して教材づくりをしていくのかは，教師のうでの見せどころである。

教材と技術（わざ）：どのように児童と《面積》との出合いをつくるか？

S先生は身近なものを探して写真を撮り，必要な辺の長さを調べ，すべて記入して児童にわたした。しかし，その探す活動を児童にさせた方が《面積》を学ぶ意欲がわいたかもしれない。また，自分で測る活動を通して「面積として世界を見る目」が養われるとも考えられる。ていねいに授業の準備をした結果，教師が賢くなるばかりで児童の学習につながらないこともあるのである。

しかしながら，S先生が「写真を使った方が児童たちの興味を引く」と考えたように，教材を授業でどう使うのがよいかは，教師と児童の関わりからしか見えないものである。身近な図形探しを苦手としている児童が多いクラスであれば，教師が写真を見せて手助けをする方がよいだろう。このように，教師自身が《面積》の内容を深く理解していることに加えて，《面積》をどう児童にふれさせるとよいのかを知っていることが重要である。単に盛り上がる授業を超えて，魅力的かつ内容の深い理解へと誘う授業をめざすために，よい教材を開発するとともに，教師自身が「わざ」を磨くという意識が大切といえよう。

研究する教師を支える
組織やシステム

第4章

1 地域の学校に根ざした長期実践研究とそれを支えるネットワークの拠点
――福井大学教職大学院の取り組み

福井大学　遠藤貴広

1. 教師のアクティブ・ラーニングをどう支えるか

「アクティブ・ラーニング」と称して，主体的・対話的で深い学びの実現が求められるようになっている。そして，子どもたちのアクティブ・ラーニングを支える教師自身が，主体的・対話的に深く学ぶことができているかが問われている。

教師が学ぶ場として，従来からさまざまな研修や講習が設けられている。しかしながら，制度化された教員研修や講習は，概して評判が悪い。特に，全教員に受講が義務づけられている教員免許状更新講習や行政の悉皆研修は，「やらされ」感が出やすく，「主体的」とは縁遠い場となる。

それでも，このような研修・講習は，受講者数の規模で見れば，学校現場に与える影響は小さくない。逆に，これがうまく機能するようになれば，地域の教育実践にとって大きな力となる。

本稿では，「やらされ」感が出て主体的にはなりにくい学びの場として，福井大学の教員免許状更新講習と福井県教育研究所（福井県立の教員研修センター）の悉皆研修を取り上げ，不利な条件の中でどのような実践を展開し，その背後にどのようなコンセプトがあるのか，それはどのようにして立ちあがり，そこでの学びを深めるポイントはどこにあるのかを，教員養成・教師教育を担う一大学教員の目から明らかにしたい。

2. 主体的になりにくい研修・講習で

（1）教員免許状更新講習

福井大学で現職教員が受講する研修・講習の中で最も受講者数が多いのは，

教員免許状更新講習である。福井大学では2008（平成20）年度の予備講習から開催しているが，必修領域については開始時から表4-1-1のようなコンセプトを示し続けている。

表4-1-1　福井大学教員免許状更新講習（必修領域）のコンセプト

21世紀の知識基盤社会に 生きる力を培う学校をどう実現するか 新しい時代の教師のための協働研究 **新しい時代をひらく教師の実践コミュニティ** 実践の経験と知恵を共有するために　語り聴き・読み綴る **専門職として探究し合う新しい方法** ・互いの学校での取り組みを語り合い，聴き取る ・実践の展開を読み深め，自身の実践を綴る ・新しい時代の教育への展開に視界をひらく

実施にあたっては，必修領域と選択領域を組み合わせた3日間18時間のセットを年に数セット設け，受講者募集にあたっては，3日間セットで受講することを推奨している。

講習内容に目を向けると，必修領域として取り上げるべき事項をカバーするための講義もあるが，1講義あたりの時間はできるだけ短くし，その分，①受講者それぞれの実践経験を伝え合う・聴き合うこと，②他者の実践の展開の道筋をたどり，その意味を探ること，③自分自身の実践経験の歩みをたどり直すことに，講習の多くの時間をあてている。これらはすべて，書き言葉による記録にまとめられ，その記録をもとに議論が行われる。

これらの活動は，年代・在籍学校種・担当教科が異なる4人程度の受講者にファシリテーターが加わったチームで進められる。また，チームでの取り組みを通してまとめられた記録をもとにした議論も，別チームにいる年代・在籍学校種・担当教科が異なる受講者で構成されたグループでの「クロスセッション」という形で展開される。自分自身の実践経験をたどり直すための協働探究を，3日間なるべく異質性の高いチームやグループで行うという形である。

以上のような取り組みを通じてまとめ直された受講者の実践経験の記録は，報告書にまとめられ，講習担当者のみならず，次年度以降の受講者も読める形となっている。これにより，先代の実践のみならず，実践経験のたどり直し方も具体的に学びながら，自身の実践経験を捉え直し，その意味を探る営みが幾重にも積み上げられるようになっている。

この取り組み方で大きな課題となっていたのが，人的コストである。受講者4人程度のチームそれぞれにファシリテーターが付くため，多くのスタッフが必要となる。開始当初は大学で協力者を確保していたが，2011（平成23）年度から福井県教育委員会の協力を得て，新任教頭がファシリテーター役を務めるようになり，そのファシリテーションを大学が支える形となっている。そして，これが福井県教育研究所の新任教頭研修プログラムにも位置づけられている。この形により，大学が苦悩していた人的コストの大幅削減が実現したと同時に，教育委員会が苦悩していた管理職のファシリテーション能力の育成を大学とともに行えるようになった。また，大学から学校現場の教師に伝えたいメッセージを，更新講習受講者だけでなく全管理職に伝えられるようになり，福井大学の挑戦に理解のある管理職が福井県内の学校に配置されるようになっている。

（2）行政による悉皆研修

福井県では，福井県教育研究所による悉皆の基本研修として長年，初任者研修，5年経験者研修，10年経験者研修が設けられているが，2010（平成22）年以降，さまざまな改革が進められている。特徴的なのは「学校拠点方式の拡充」で，行政による法定研修でありながら，学校を離れて講義を受ける形の研修が極力減らされている。その代わりに拡充が図られているのが，それぞれの学校現場での「教育実践研究」である。1年間かけて，授業を中心に，自身の課題を総合的に解決していくプロセスをレポート（教育実践記録）にまとめ，その実践記録をもとに協議を行う研修である。このスタイルにより，学校現場の実態から乖離した課題ではなく，学校現場で実際に抱えている課題を協働で探究していく研修のあり方が追求されている。

この教育実践記録をもとにした協議は，所属学校種・担当教科の異なる初任者・5年経験者・10年経験者によって構成された小グループでの「クロスセッション」という形で行われている。この形により，普段勤務校の同僚とでは検討できない視点から自分の実践のプロセスを捉え直すことが続けられている。また，たとえば10年後の夢を語る初任者と，教職10年間を振り返る10年経験者とが同じテーブルで協議を行うため，初任者は勤務校やサークルの先輩とは異なる視点から教職の展望を描くとともに，10年経験者は初任時の夢や想いを思い起こして教職の展望を新たにすることになる。

なお，2013（平成25）年度から初任者研修は複数年化され，3年かけて新任教員としての実践を確立し，そのプロセスを実践記録に綴ることになっている。また，クロスセッションは年に複数回設けられるようになり，回ごとに異なるメンバーと異なるテーマで変化を持たせながら，自身の実践のプロセスをより多様な視点から捉え直す形が追求されている。

さらに，この基本研修の形は，福井大学の教員免許状更新講習必修領域と類似点が多いことから，2017（平成29）年度には福井県教育研究所の10年経験者研修と福井大学の教員免許状更新講習必修領域を統合し，実施のための予算を福井県教育委員会が確保することが計画されている。これにより，これまで10年経験者研修と教員免許状更新講習の両方を受けなければならなかった10年目教員は，受講が義務づけられている校外研修の量が減り，教員免許状更新講習必修領域の受講料も無料となる。教員免許状更新講習を実施してきた大学としては，受講者の募集や登録にかかる事務を教育委員会が請け負うことになるため，講習内容のデザインに集中しやすくなる。

3. 専門職として学び合うコミュニティを耕す

以上のような取り組みの背景には共通する方向性がある。

まず，教職を学びの専門職として再定義するという方向性である。つまり，教師は教えることのプロである前に，学ぶことのプロとして，教室の中の誰よりもよく学ぶ存在となることである。これは今でこそ「学び続ける教員像」といった言葉で教師教育政策の中心に位置づけられているが，福井大学では2000年頃にはこの方向性が打ち出されていた。それは，Teaching as the Learning Professionといったキーワードで日本国外でも展望されていた方向性である。

また，教師が専門職として学び合うコミュニティを耕す・培うという方向性も共通している。これは，教師教育分野でのProfessional Learning Communitiesというコンセプトや，経営学でのCultivating Communities of Practiceといった言葉で表現される感覚を手がかりにしたものであるが，教育実践史をひもとく中で，日本国内でも長期にわたり持続可能な発展を遂げている実践に共通する構造として共有していた方向性である。

このような方向性の中で導き出されるアプローチとしては，教師は最も多くの時間を過ごす学校で同僚や子どもたちとともに学ぶのが基本で，研修もその基本にのっとったものとすることである。そこで，普段はなるべく勤務校から離れない状態で実践研究を続けるとともに，校外研修では勤務校で実際に抱えている課題を協働で探究する営みが中軸に据えられる。このアプローチは現在，「学校拠点方式」という言葉で福井の取り組みを象徴するものの一つとなっている。

ただし，学校を拠点に取り組みさえすればいいかと言われれば，決してそのようなことはない。ほかにも重要な構造がある。

その一つは，どの取り組みも実践記録を中心媒体に協働探究・協議が行われるという点である。しかも，そこで検討の俎上に載るのは，1時間の授業の詳細な分析ではなく，短くとも単元レベル，多くが1年，時には複数年にわたる実践のプロセスである。長期にわたる実践のプロセスを捉えた実践記録がないまま学校拠点で取り組めば，即座に解決できる短期的な課題にしか目が向かなくなり，緩やかに深刻化していく構造上の問題を捉えることができなくなってしまう。また，長期にわたる構造上の問題の解決に向けては，どのような判断を行ったのかという判断結果以上に，どのような思考・協議・葛藤を経てそのような判断を行ったのかという思考過程の方が，後々重要な手がかりとなる。この思考過程が書き込まれた実践記録がなければ，後々抱える課題の中で同じ轍を踏むことになり，持続的な発展が望めなくなる。逆に，このプロセスも書き込まれた実践記録があれば，後々どのような思考・協議を経ることになるかが見通しやすくなる。それ以前に，書き言葉による記録があることで，問題の捉え方についても他者と協働で吟味することができ，実践に対する認識の枠組みを更新することもできるようになる。これなしに実践者としての力量形成は望めない。

もう一つの重要な構造は，実践についての協働探究・協議の多くが，なるべく異質性の高いメンバーで組織された小さなチームないしはグループで行われることである。たとえば福井県の中学校では，各教科の授業について，１人の教員が複数学年を担当する「タテ持ち」が採用されている。タテ持ちにより，同学年同教科を複数の教員が担当することになり，同教科の同僚同士で密に連携せざるを得ない。また，学校種ごとに教科部会をベースにした研究会が組織され，学校をまたいで教科教育研究を行ってきた伝統がある。このため元々，同学校種・同教科内の密なネットワークがあり，それで保たれていた実践の質もあった。ただ，同学校種・同教科内のネットワークのみだと，取り組みが因習化しやすく，暗黙の前提が放置されやすくなってしまう。これに対し，学校種も担当教科も年代も異なるメンバー間では，各分野で長年にわたって取り組まれてきた伝統に対する理解は浅いものの，その分，そもそもなぜそのようなことをするのかという暗黙の前提が素直に問える。緩やかに深刻化していく構造上の問題には，この暗黙の前提が絡んでいることが多いため，同質集団内では問えなかった問題の本質に迫ることができる。何より，普段の自分とは縁遠い現場の実践を鏡に，自身の実践を新たな視点から見つめ直し，そこに新たな価値を見いだすことから得られる充実感がある。

以上のような特質が，福井県で実施されているさまざまな研修に埋め込まれ，独特の実践研究とネットワークが構築されている。

4. 地域の教師教育研究拠点としての教職大学院

ここまで紹介してきたさまざまな研修や講習の特質には，共通の発信源がある。2008年4月に創設された福井大学教職大学院（大学院教育学研究科 教職開発専攻）である。福井大学の教員免許状更新講習必修領域は，教職大学院担当教員が中心となり，教職大学院のノウハウを活かして内容がデザインされている。福井県教育研究所は，福井大学教職大学院の拠点校にも位置づけられており，教職研修を担う所員が現職大学院生として教職大学院に所属し，大学教員とともに教員研修のあり方について協働研究を重ねている。

福井大学教職大学院は，それまでの教育系大学院にはなかった独特のスタイルを取っているが，その特徴はたとえば次のように整理されている（福井大学大学院教育学研究科教職開発専攻『教職大学院認証評価 自己評価書』2011年6月）。

様々なネットワークを通じて世界的な規模で知識・技術の交流と共有が進み，政治・経済・文化をはじめとするあらゆる領域で，質の高い知的な協働活動がより多くの人々に求められる社会が現実のものとなりつつある。そうした 21 世紀の知識基盤社会に生きる力を培うために，子どもたち自身が探求し，コミュニケーションし，協働する力を培う学校教育の実現が求められている。そして，その実現は学校を担う教員の専門的力量と協働の努力にかかっている。福井大学大学院教育学研究科は，21 世紀の学校教育を担うスクールリーダー・中核教員の専門的力量の開発を目的として，平成 20 年度に教職大学院（教職開発専攻）を設置した。

本教職大学院には５つの特徴が挙げられる。

① 学校を拠点とした授業

学校を拠点に行われる〈長期の協働実践研究プロジェクト〉を教育課程の核に位置づけ，学校が抱える今日的課題に焦点を当てた協働研究を支援し，学校改革に取り組みながら教師の協働実践力を培っていく。その対象は，幼稚園・小学校・中学校・高等学校・特別支援学校・教育行政機関と幅広く，大学教員が学校等に出向いて支援を行っていく授業が展開される。

② 実践的なカンファレンス・事例研究を中心にした科目編成

学校行事等に配慮した集中的な講座を開設し，「教育課程の編成・実施」「教科等の実践的な指導法」「生徒指導・教育相談」「学級経営・学校経営」「学校と教員の在り方」の５領域について，実践的なカンファレンス・事例研究を中心に学ぶことができる。また「カリキュラムと授業」「子どもの成長発達支援」「コミュニティとしての学校」の３つの系の中から１つを選択し，主題に沿って実践と研究を深めていく。

③ １年間の学校における実習

学校の１年間のサイクルに沿って１年間という長期にわたって実習を行う。長期の協働実践研究プロジェクトとその他の事例研究とあわせて，「実践力」「マネジメント力」「省察・研究能力」「理念と責任」という４つの軸の教職専門性が開発されていく。さらに，学校の中核となる教員とそれを共に担っていく若い世代が交流するサイクルを新たに創り出し，学校を学び合う協働組織へと創造していく力量を高める。

④ 複数の大学教員のチームによる授業

様々な専門分野の研究者教員と豊かな実践経験を持つ実務家教員とがチームを作り，学校での支援やカンファレンス等のすべての授業が複数の教員で協働して行われる。分担するのではなく同じ課題に協働で取り組み，それぞれの専門性を発揮しながら実践研究を行っていくことで，理論と実践の融合が実現されている。

⑤ 全国の教職大学院や優れた実践との交流

年に２回，公開での実践研究交流集会を開催しており，全国の教職大学院や優れた実践校を招き，互いに実践報告を行うことにより，交流してネットワークを構築すると同時に，各自の実践研究を深めていくことが可能となっている。

2008年に創設以後，少しずつ変更が加えられているが，ここに挙げられている特徴は変わらず続いている。

日本における教職大学院制度は2008年から始まっているが，福井大学では2000年頃には上記の特徴を有する取り組みが始まっていた。たとえば2001年に福井大学大学院教育学研究科に設置された夜間主の「学校改革実践研究コース」は，現職の大学院生が在学中，職場を離れることなく，学校を拠点に教育実践研究を行うことが基本となっており，現在の教職大学院の原形となっていた。

この取り組みの背後には，次のような独自の教授会見解がある。それは「国立の教員養成系大学・学部の在り方に関する懇談会」（通称「在り方懇」）で打ち出された統合・再編案を痛烈に批判してのものである（福井大学教育地域科学部教授会見解『地域の教育改革を支える教育系学部・大学院における教師教育のあり方』2000年9月14日）。

> 21世紀には，より質の高い学習の機会を生涯にわたってすべての人に保障する社会の実現が求められている。学校教育の改革と開かれた高等教育の実現はそのための不可欠な条件であり，大学における教師教育改革は両者をつなぐ重要な環をなしている。
>
> とりわけ，現在の教育が直面している問題を打開し，ゆたかで質の高い学び合う共同体としての学校を実現していくことが強く求められている。この教育改革の実現のためには，学校・行政・地域・大学が手を携え，共同で探究し実践していくことが不可欠となる。教育系学部・大学院は，地域における学校改革のための取り組みに参画し，教師の実践的な力量形成を支え，そのネットワークの拠点としての役割を果たしていくことが求められる。
>
> 戦後，「一府県一教育大学・学部の原則」に立って設置された教育系学部・大学は，21世紀に向けて，地域に開かれたゆたかな生涯学習を実現し，地域の教育改革実現のために，学校と行政・地域と連携し，さらにきめ細かな地域ネットワークの拠点としての役割を発展させていくことが求められている。
>
> これらの役割を果たしていくことは，地域にねざした教育改革を実現していくために，教育系学部・大学院が果たすべき責務である。

この教授会見解は，現在でも福井大学における教師教育改革や教員研修・講習の基本的な方向性を示すものである。

また，学校改革実践研究コースが設置されたのと同じ2001年から始まった独自の取り組みに，実践研究福井ラウンドテーブルがある。それは，異校種・異分野・異業種・異地域といった異質性の高いメンバーからなる小さなグループで，実践記録を土台に「実践の長い道行きを語り，展開を支える営みを聴き取る」会で，年に２回開催されている。ここで異校種・異分野・異業種・異地域のメンバーと多様なネットワークを構築しながら，普段の校内研修や教科研究会では持てない視点から自身の実践のプロセスを問い直す営みが連綿と続いている。

福井大学ならびに福井県で展開している一連の教員研修・教師教育改革は，この教職大学院のコンセプトやアプローチと軌を一にしている。

5. 尊重し合う文化の醸成

本稿で紹介した福井の取り組みは，実践者自身の長期にわたる実践のプロセスをさまざまな視点から幾度も捉え直すことが中軸となっているが，そこでの学びを深めるポイントにも独特の視点がある。

まず，長期にわたる他者の実践のプロセスをていねいに跡づけることができるかという点である。自分が取り組んできた実践のプロセスは，意外に捉えることが難しく，それを他者に伝わる言葉で表現するのはさらに難しい。実践のプロセスを見通す目の深さは，他者の実践プロセスの捉え方に如実に反映される。これを逆手に取り，実践記録の検討といった形で他者の実践のプロセスをていねいに跡づけた上で，それを合わせ鏡にしながら，自分自身の実践のプロセスを跡づけ直す営みを重ねることで，実践的認識の問い直しに深さが生まれる。

あわせて，どのような他者の実践から学ぶかという点も重要である。県の基本研修や大学の免許状更新講習では異校種・異教科・異世代の取り組みから学ぶメニューが多く準備されているが，教職大学院や実践研究福井ラウンドテーブルなどでは異分野・異業種の実践のプロセスをていねいにひもとくことも行われる。この取り組みを通じて，学校教育の中で暗黙の前提となっていたものも問い直されると同時に，異分野・異業種の実践での問題解決のプロセスから思わぬヒントが得られることもある。普段の同僚との取り組みの中では見いだしにくい視点である。

こうして学校教育の前提も問い直されるようになってくると，そもそもなぜそれを学校で学ばないといけないのかという点も問われてくる。そうなってくると，公教育の理念から問い直すことも必要となる。また，異分野・異業種の実践から学ぶとなると，他分野の実践をも架橋する理論の検討も欠かせない。すると，既存の教育書では歯が立たなくなる。そこで，近代社会の構造を問い直すための古典や，他分野の実践コミュニティの構造を捉えるための文献の検討も欠かせない。これがないと，自分たちの経験の範囲を超えた実践の展開は望みにくくなる。

自分たちの経験の限界を乗り越えるにあたっては，先達の経験から学ぶとともに，自身の経験を後代に伝える世代継承のサイクルも重要な装置となる。公教育の担い手として，自身の取り組みをパブリックなものとして書き言葉で表現し，それを次の世代に伝えようとする中で問い直される実践的認識がある。そして，その営みを通じて残された記録は史料となって，世代を越えた対話を可能にする。この世代継承サイクルの装置がなければ，自分たちの世代の経験の範囲を超え出ることがなく，発展が持続しない。

ただし，このような営みは，日々の忙しい時間の中では取り組みにくいものである。そこですべての営みの大前提として重要になるのが，自身の取り組みをじっくり語り聴いてもらえる場の確保である。人はじっくり聴いてもらえる安心感があると，じっくり語ることができる。じっくり語る場があることがわかると，じっくり語るに値するものを書き残そうとする。「最近の教師は実践記録が書けない」と言われることもあるが，それは実践記録に書いたことをじっくり語り聴いてもらう場がなくなっているからである。これに対し，たとえば実践研究福井ラウンドテーブルでは，1人100分程度の持ち時間が与えられ，そこで初めて出会う多様なメンバーに，自身の実践のプロセスや苦悩をじっくり語ることができる。まずは非難されることなく，じっくり聴いてもらえる安心感があれば，多くの人がじっくり表現しようとするようになる。じっくり聴いてもらえた経験があれば，その人の意見から素直に学べるようになり，自分の価値判断の基準を更新していくことができるようになる。こうして，互いの取り組みを尊重し合う文化が醸成され，異質な他者に開かれたコミュニティが耕される。これが，実践者の学びを支えるための，そして民主的な社会を実現するための最重要ポイントとなる。

これは研修を支えるスタッフにも当てはまる。研修をコーディネートするスタッフが学び続けていなければ，研修受講者も学ぼうとしなくなる。研修担当スタッフも，自身の実践のプロセスを吟味し，他分野の実践から学び，その経験を書き残し，他者に伝える営みが欠かせない。この点，福井県教育研究所では，所員自身が部署を越えて学び合い，その経験を書き残すことも計画的に行われている。また，その取り組みを支える教職大学院スタッフも，毎週2時間はFD（faculty development）の時間をとり，拠点校・連携校の実践的展開，院生の取り組み，教師教育改革の動向等について事例検討を重ねるとともに，実践研究福井ラウンドテーブル等の企画を行う中で新たな学びのあり方を探り，さらに新たな実践課題の解決に向けた協働探究プロジェクトを多数組織している。こうして，教師の学びを支えるスタッフ自身が，最前線で学び合うことを続け，その学び合いの渦に，現職教員そして子どもたちを巻き込んでいく。このような仕掛けが福井の実践現場の随所に埋め込まれ，実践コミュニティの持続的な発展が図られている。

6. グローバル・ネットワークへの挑戦

本稿で紹介してきた取り組みは，既存の教育系大学院で取り組まれてきた「研究」とはかけ離れたものかもしれない。しかしながら，戦前から連綿と発展を続けてきた教育実践史の事実に目を向ければ，長期にわたる実践のプロセスを，実践記録を土台に多様なメンバーで吟味していくアプローチも，研究方法論として重要な選択肢の一つとなる。実践研究の持続可能性を考えれば，「研究する教師」に必要不可欠なアプローチの一つとなる。

一方で，このような取り組みは，大学の中でやりたい人だけがやればいい，という考え方もあるかもしれない。しかしながら，大学院に在籍しているメンバーだけを対象としたアプローチでは，地域の教員集団の中での存在感が小さく，大学院で精力的に研究を進めれば進めるほど，地域の学校の中で孤立し，ますます実践しにくくなることも起こりうる。大学院に在籍している現職教員の院生だけでなく，その院生が勤務する学校全体の実践研究を支えること。院生がいない学校の教員や管理職，そして学校外の異分野・異業種のメンバーとも教師教育改革のヴィジョンを共有する仕掛けを地域の実践コミュニティに埋め込んでいくこと。地域の「研究する教師」を支える拠点として，このような努力も不可欠である。

さらに，この努力を福井県という小さな地域の中に閉じ込めていれば，それぞれの取り組みが地域の中で因習化して，発展が持続しなくなることもある。そこで，コミュニケーションを他地域に開き，異質な他者の視点が入り続ける仕掛けが必要となる。同時に，この地域・分野独特の実践プロセスを他地域・他分野のメンバーにも伝えるために，実践を語る言葉を吟味し続け，使う言葉を変える中で実践的認識の枠組みを更新していく営みに終わりはない。

この点，福井大学では現在，日本全国のみならず，海外にも開かれた取り組みとして，JICA や OECD とも連携しながら，海外の教員・教育実践・教師教育改革に関わるプロジェクトも進めている。言葉・文化・制度の壁は大きいが，この壁を乗り越えようとする中で編み直されるネットワークから新たに見いだされる発展の契機も確実にある。小さな大学の大きな挑戦である。

2 京都大学大学院教育学研究科 E.FORUM の取り組み

京都大学　西岡加名恵

1. はじめに──問題意識と構成

現在の日本においては，学校や地域の教育改革を推進するスクールリーダーの育成・力量向上が求められている。1998（平成 10）年改訂以降，学習指導要領では学校の「創意工夫」を活かした「特色ある教育活動」が推奨されるようになった。2015（平成 27）年 12 月に出された中央教育審議会の 3 つの答申では，「チームとしての学校の実現」，アクティブ・ラーニング等「新たな教育課題」への対応，「学校を核とした地域づくり」の推進などが求められている[1)]。さらに，2017（平成 29）年学習指導要領改訂の議論の中では，各学校の「カリキュラム・マネジメント」が強調されている[2)]。地域や学校での教育改革を支える教育委員会指導主事，学校管理職・研究主任，地域の教育サークルのリーダーなどには，いっそう，大きな役割が求められているといえよう。

京都大学大学院教育学研究科では 2006（平成 18）年度に E.FORUM を設立し，毎年「全国スクールリーダー育成研修」を提供するとともに，参加者の間の実践交流や共同研究開発を推進している。2012（平成 24）年度からは，教師をめざす学生たちにも積極的な参加を呼びかけ，教師のライフコース全体を見通した力量向上のネットワークを築くことをめざしている。また，2012 年度から，時事的なテーマを扱う「教育研究セミナー」も開催している。本節では，これらの E.FORUM の取り組みの概要を紹介するとともに，その特長や意義と課題について検討しよう。

2. 取り組みの目的と概要

E.FORUM の最大の特長は，一過性の研修に終わらせないために，会員制を取っていることである。E.FORUMの目的について，会則には，「本会は，広く教育に関心を持っている人々が集まり，教育をめぐる事柄について共に語り合うことによって，お互いの教育力量を向上させることを目的としています。本会は，学ぶ喜びを感じ，賢明に判断し行動できる子どもたちの育成に役立つことを目指します」（会則第2条）とうたっている。

E.FORUMには，保育所・幼稚園，小学校・中学校・高等学校・中等教育学校，特殊教育諸学校・特別支援学校，大学の教職員，教育委員会の職員および学校教育に直接携わっている関係者が個人として入会することができる。ただし入会の条件として，E.FORUMが主催する研修会を受講していること，あるいは会員の紹介者であることなどを求めている。2016（平成28）年12月現在，779名が会員として登録されている。

また事業としては，①「研究会・研修会の開催」，②「ホームページの管理・運営」，③「E.FORUM Online（EFO）」「カリキュラム設計データベース（CDDB）」の管理・運営，④その他，会の目的遂行に必要な事項を行うものとしている（会則第3条）。E.FORUMが行っている研修や共同研究については，次項以降で詳述する。

「E.FORUM Online（EFO）」「カリキュラム設計データベース（CDDB）」とは，E.FORUMが開設している会員限定のデータベースである。E.FORUMでは研修の成果を蓄積し，ネットワークとしての継続性を創出するため，2006年の設立と同時にCDDBを開設した。2013（平成25）年度からは，後継のデータベースとしてEFOを開設している。

EFOは，データベース部分と掲示板部分から構成されている（図4-2-1）。データベース部分には，単元指導計画，パフォーマンス課題（後述）や児童・生徒の作品など，教育実践に関わる各種の資料を登録することができる。また会員は，教科・科目名や対象学年，キーワードなどで検索をかけて，登録されている資料を実践改善の参考にすることができる。

また，掲示板「交流広場」として，「皆さまへのお知らせ」「議論の広場」「雑談の広場」という3つを開設しており，メール配信機能も備えている。「皆さまへのお知らせ」は，研修案内など事務局から全会員への連絡を流すものであ

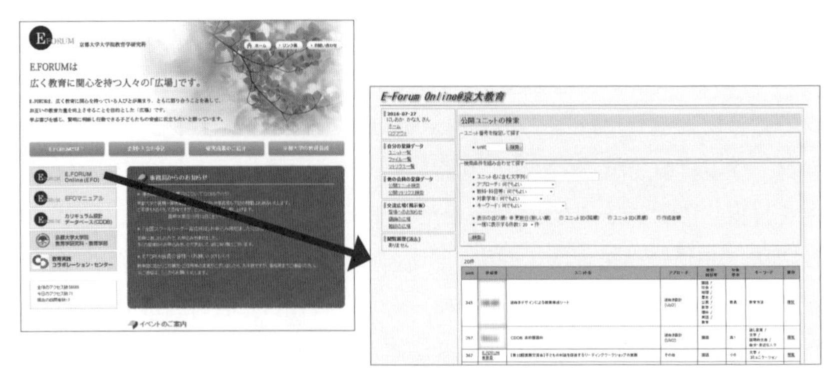

図 4-2-1　E.FORUM のウェブサイトとデータベース
「E.FORUM Online（EFO）」の検索用画面

る。「議論の広場」「雑談の広場」では，各種の話題について会員が自由に書き込むことができ，各自の関心に応じてメール受信することができる。

なお，E.FORUM のウェブサイト（http://e-forum.educ.kyoto-u.ac.jp/）では，研修案内を掲載しているほか，E.FORUM として生み出された研究成果，過去の研修の記録などを紹介しているので，本稿と併せて参照されたい。

3. 全国スクールリーダー育成研修
――取り組みと教師の学びの実際（1）

では次に，E.FORUM の具体的な取り組みについて説明しよう。

E.FORUM では，2006 年度より毎年，夏と春に「全国スクールリーダー育成研修」を実施している。まず，夏に行う研修では，最新の研究成果や政策動向をふまえた内容を提供している。その特長は，そもそも「教育とは何か」を考えるものから明日の実践に役立つものまで多彩な内容を提供している点，また講演やワークショップ，実践報告など，さまざまな活動を組み合わせている点である。

表 4-2-1 には，2015 年度夏と 2016 年度夏の研修のプログラムを掲載している。E.FORUM の講演・講義やワークショップは基本的に京都大学大学院教育学研究科の教員が担当し，教育哲学・教育方法学・認知心理学・臨床心

表4-2-1　「全国スクールリーダー育成研修」の内容（2015年度夏・2016年度夏）

2015年度夏：8月22日（土）・23日（日）
○ワークショップ「同僚・生徒とのコミュニケーションの取り方」
　（劇作家・演出家・青年団主宰，東京藝術大学特任教授　平田オリザ氏）
○講演「知力を測る――多重知能理論への道」（子安増生教授）
○講義「グローバル化する教育と留学概念の転換」（杉本均教授）
○講義「児童期・青年期の発達と心の理解」（大山泰宏准教授）
○シンポジウム＆ワークショップ「『E.FORUMスタンダード』を再検討する」
2016年度夏：8月19日（金）・20日（土）
○講演「米国の高大接続プログラム――AP（Advanced Placement）プログラムに注目して」（高見茂教授）
○講義「街づくりと学校づくり――アーキテクチャ論から考える教育」（山名淳准教授）
○講義「若い教師に伝えたい授業づくりの発想」（石井英真准教授）
○ワークショップ「カリキュラム設計入門――パフォーマンス課題づくり」
　（西岡加名恵准教授）
○シンポジウム＆教科等別分科会「『E.FORUMスタンダード』の再検討に向けて」
○シンポジウム「高等学校におけるカリキュラム改善――探究的な学習を中心に」

※平田オリザ氏以外で名前を記載している講師は，京都大学大学院教育学研究科の所属である。

理学・比較教育政策学といった多彩な専門性を反映した内容となっている。2015年度は，10周年記念企画として平田オリザ氏にワークショップをご提供いただいた。

実際に，2015年度夏の研修に参加した受講生からは，次のような声が寄せられている。「実践に向かう上での理論的な基盤を学び，先生方の体系的なお話や具体的なお話を今後の教育活動の中で思い返して活用していきたいと思えた」，「一時のネタの提供ではなく，本質的なことを学ぶことができた」，「どんどん変化していく教育現場で，しっかりと今を見極めて，対応するために学びを深め，課題を共有することができました」。実践的な方法論だけでなく，原理的な内容が参加者を惹きつけていることがわかる。

また夏の研修では，毎回オリエンテーションで，「本研修では，講師から提供される内容を吸収していただくだけでなく，ぜひたくさんの“仲間”と出会っていただきたいと思っています。楽しくて元気の出る2日間（1日間）にしていきましょう」，ワークショップにおける「お互いのコメントは，ポジティブなものに！『賞賛・質問・提案』の精神で！」と呼びかけている。さらに，リピーター・新規参加者，ベテラン教師・中堅教師・若手教師，男性・女性，遠方からの参加者・近隣からの参加者など多彩な立場から発言していただくとともに，参加者同士で自己紹介をし合う時間を数分とっている。かくして，熱気あふれる中にもリラックスした雰囲気において「新しい考え方，他府県，他校種の先生方との出会い」が生まれ，「他の学校の先生とポジティブな話をたくさんできた。……学校でがんばっていこうと思えた」といった声が寄せられている。

一方，春の研修は，参加者が各自の実践の計画や報告を持ち寄り，交流する「実践交流会」を基本としている。これは，2006年度夏の研修参加者から，「せっかくこれだけのメンバーが集まっているのだから，もっと参加者同士で実践を交流する場がほしい」という要望が寄せられたことがきっかけで開始されたものである。たとえば第10回実践交流会（2015年3月28日）については，「実践した資料をもとにした話し合いのため，内容の濃いものになり参考になりました。また，小中高の違いもよくわかり，各発達段階でどう取り組めばよいかについても考えることができました」，「初めて実践交流会に参加しましたが，次回も参加したいと思いました。……自分のモチベーションアップになります」，「多くの先生方が継続して参加されている様子を拝見しました。ネットワークを大切にしていきたいと思います」といった声が寄せられた。

4. プロジェクトS「スタンダード作り」
――取り組みと教師の学びの実際（2）

E.FORUMは，設立当初より，実践改善のための研究開発ネットワークとしても機能することをめざしてきた。ここでは，2009（平成21）年度から取り組んでいる共同研究開発プロジェクト「スタンダード作り」を紹介しよう。なお，スタンダードとは，社会的に共通理解された目標・評価基準を指す。

E.FORUM設立以来，筆者は，毎年「逆向き設計」論[3)]をふまえてパフォーマンス課題を作るワークショップを提供してきた。パフォーマンス課題とは，複数の知識やスキルを総合して使いこなすことを求めるような複雑な課題である。レポートや展示物といった完成作品や，プレゼンテーションや実験の実施といった実演を求める課題などがある。「逆向き設計」論においては，各教科の中核に位置する「本質的な問い」や「永続的理解」に対応させてパフォーマンス課題を開発することが提案されている。毎年研修を提供することにより，各地で良質の実践が生み出されはじめたため，それらの知見を集約し，実践づくりの参考になるような資料として「E.FORUMスタンダード」を開発することを構想するに至ったのである。

2009年10月にはCDDBの掲示板で「E.FORUMスタンダード」開発の趣旨を説明するとともに，パフォーマンス課題を取り入れた実践に1年以上取り組んでこられたE.FORUM会員に『「スタンダード作り」基礎資料集』への寄稿を呼びかけた。36名の会員から実践報告を寄稿していただき，2010（平成22）年8月に『基礎資料集』が完成した。

2010年度夏・2011年度夏の研修では，各教科における重点目標を検討するシンポジウムを開催した。さらに2012年度夏・2013年度夏の研修では，各教科の議論を深めるために教科等別分科会を行った。『基礎資料集』やCDDBに蓄積されたデータ，パフォーマンス評価関連の文献[4)]，学習指導要領や諸外国で開発されているスタンダードなどをふまえつつ，各教科における重点目標やパフォーマンス課題を検討するため，各教科について表4-2-2の研究者に取りまとめをお願いした。研修では，会員による実践報告や実践交流の機会を設けるとともに，取りまとめ担当の研究者が作成した「E.FORUMスタンダード（草案）」を検討するワークショップなどを行った。

こうして2014（平成26）年3月には各教科（主に小・中学校）における典型的な「本質的な問い」やパフォーマンス課題を整理した「E.FORUMスタンダード（第1次案）」（表4-2-3参照）が完成し，研究論文も収録した『「スタンダード作り」成果報告書』が作成された。「第1次案」については，2014年3月にE.FORUMのウェブサイト上でも公開されている。2015年度からは，2017年の学習指導要領改訂も視野に入れつつスタンダードの改訂作業を始めている。

表4-2-2　各教科の「E.FORUMスタンダード（第1次案）」の編集者

（所属・職名は2016年度）

○国語：八田幸恵氏（大阪教育大学・准教授）
○社会：鋒山泰弘氏（追手門学院大学・教授）
○算数・数学：石井英真氏（京都大学大学院教育学研究科・准教授）
○理科：大貫守氏（京都大学大学院教育学研究科・大学院生，日本学術振興会特別研究員）
○音楽，美術：小山英恵氏（鳴門教育大学・准教授）
○保健体育，技術・家庭：北原琢也氏（京都大学教育学部・非常勤講師）
○英語：赤沢真世氏（大阪成蹊大学・准教授）

表4-2-3　「E.FORUMスタンダード（第1次案）：中学校数学」（一部）（石井英真氏編集）

算数・数学的活動（方法論に関する問い）：
どのようにして現実世界の事象や問題の本質を数学的に抽象化し、条件を解析すればよいか。筋道を立てて考え、数学的によりよく問題を解決したり、証明したりするにはどうすればよいか。どうすれば解析の結果を発展させることができるのか。数学的表現を使ってわかりやすく説明するにはどのようにすればよいか。

領域		数と計算（式）	図形
領域の本質的な問い		なぜその数は必要なのか。なぜ文字式を使うのか。どうすればうまく計算できるか。	図形にはどのような形や位置関係があるのか。図形の性質を規定するものは何か。
中学1年生	本質的な問い	負の数を用いるよさは何か。なぜ文字式を使うのか。方程式を使うと何ができるのか。	線対称、点対称の見方のよさは何か。空間を規定するものは何か
	永続的理解	現実の世界においては、正反対の方向や性質をもつ量を1つの言い方にまとめる必要から負の数が生まれる。事象の関係を一般的に簡潔に表す必要から文字が使われる。方程式を作れば、解を見いだすことを形式的・自動的に行うことができる。	平面図形を形と大きさを変えずに動かす必要性から線対称や点対称の考えが生まれる。空間はそれを構成する点、線、面の位置関係により規定され、それらの関係に着目し、図形の運動として捉えたり、平面上に見取り図や投影図を用いて表現したりすることで把握できる。
	課題例	（東京の時刻を基準としたときの各都市の時差が示された上で、）ニューヨークで12月15日19時開始のバスケットボールの試合があります。東京でこの試合のライブ中継を見るためには、何月何日の何時にテレビをつければよいでしょうか。答えとその根拠を説明してください[1]。	あなたは建築設計師で、マンション購入者からの次のような依頼をうけました。「私が購入したマンションの床と天井が平行ではないように思うんです。確かに床と天井が平行であるか調査してください」」あなたは確かに平行であることを必要最低限の調査費用で購入者に明瞭な理由を示し、報告書を作成しなければなりません。報告書には、簡潔・明瞭な説明と図、及び必要経費を記載する必要があります。なお、課題解決に使用できるものは、正確な角を測ることができる分度器1つ、伸縮自在の高性能メジャー（10mまで測定可能）一つのみで、分度器、メジャーとも1回の測定につき、使用料金は1万円です[2]。（神原一之先生）
中学2年生	本質的な問い	連立方程式はどんな場面で必要なのか。	図形の性質を証明するにはどうすればよいか。
	永続的理解	問題に2つ以上の変数が存在し、変数の関係式が変数の数だけ立式できるとき連立方程式をつくり問題を解決することができる。	角の大きさ、線分の長さなどの関係性について調べるために図形に内在する合同な三角形に着目するのが1つの方法である。
	課題例	あなたは自宅の近くにできたJバーガーへ行き、家族の分を持ち帰りで買うことにしました。バーガー類は全品300円、サイドメニューは全品200円です。入会金（300円）を払って会員になると、単品を10%引きで買うことができます。家族の要望（全員がバーガーもサイドメニューも食べられるように、3400円以内でたくさん、持ち帰るには合わせて15個までなど）に応えつつ、得をするにはどのように買えばよいだろうか。あなたの考えとその根拠を説明してください[3]。（八尋純次先生）	教科書などから問題を選んで、その条件をいろいろと変えて問題をつくってみましょう。また、その問題の結論がいえるかどうかを調べ、数学新聞にまとめてみましょう[4]。

1）『中学校数学1』学校図書，2012年，p. 53に石井英真氏が若干の修正を加えた。
2）西岡加名恵・田中耕治編『「活用する力」を育てる授業と評価』学事出版，2009年，p. 49に石井氏が若干の修正を加えた。
3）京都大学大学院教育学研究科E.FORUM『「スタンダード作り」基礎資料集』2010年，p. 103に石井氏が若干の修正を加えた。
4）『未来へひろがる数学2』啓林館，2012年，p. 171に石井氏が若干の修正を加えた。

5. 教育研究セミナー――取り組みと教師の学びの実際（3）

2012年度からは，時事的なテーマを取り上げる「教育研究セミナー」も開催している（2015年3月については「教師力アップ研修」として実践交流会と同日開催，2016年8月は「全国スクールリーダー育成研修」におけるシンポジウムとして開催した）。

教育研究セミナーで最初のテーマになったのは，教師教育である。2012年12月7日には，E.FORUM教育研究セミナー「大学で育てるべき教師の資質能力とは何か？――『教員養成の京都大学モデル』を探る」を開催した。また，2013年12月12日には，「『教職の高度化』をどう構想するか」というテーマでセミナーを行った。この背景には，中央教育審議会「教職生活の全体を通じた教師の資質能力の総合的な向上方策について（答申）」（2012年8月28日）において，教員養成の修士レベル化が提案されたことがあった。セミナーでは研究型総合大学である京都大学が養成すべき教師像について，多様な関係者が集まって議論する中で，「学問する」教師像を構想することとなった[5)]。

また2012年度以降，高校と大学の教育接続・教育改善もテーマとなっている。2012年12月8日に「高大接続・大学入試の課題と展望」，2014年10月17日に「大学教育改革を考える――教養とは何か」のテーマでセミナーを開催して以降は，特に高等学校における探究力の育成に焦点を合わせたセミナーを実施している（表4-2-4）。これは一つには，スーパーサイエンスハイスクール（SSH）やスーパーグローバルハイスクール（SGH）を中心に，高等学校において探究的な学習が重視されるようになってきている動向をふまえ，カリキュラム改革を進めようとする高等学校の現場に役立つ知見を発信することをめざしたものである。それと同時に，より良い高大接続の実現に向けて，大学の教育改革・入試改革を進める知的基盤をも提供するものとなっている。なお，表4-2-4に示した一連のセミナーについては，当日の動画や配付資料を京都大学のオープン・コースウェア（OCW）サイト（http://ocw.kyoto-u.ac.jp/ja/opencourse）でもご覧いただけるので，ご参照いただきたい（2016年度分については掲載予定）。

表 4 - 2 - 4　E.FORUM 教育研究セミナー等の内容（2014 - 2015 年度，一部）

E.FORUM 教育研究セミナーⅡ（2014 年 12 月 23 日）
「高大におけるカリキュラム改革を考える――探究力育成の視点から」

◎**講演**「大学教育改革の前提――あふれる言葉，激震する構築，前のめりの改革実践のもとでかんがえる」寺﨑昌男氏（東京大学名誉教授，立教学院本部調査役）

◎**シンポジウム**

○「能力形成をめぐる高大での教育改革の動向」松下佳代氏（京都大学高等教育研究開発推進センター・教授）

○「探究を支える文化―人文系の場合―」稲垣恭子氏（京都大学大学院教育学研究科・教授）

○「中等教育における探究の指導」松井孝夫氏（群馬県立中央中等教育学校・教諭）

○「探究の作法と研究倫理」中村征樹氏（大阪大学全学教育推進機構・准教授）

E.FORUM 教師力アップ研修（2015 年 3 月 28 日）

◎**シンポジウム「探究力をどう育成するか」**

○「思考を深めるとはどういうことか」伊勢田哲治氏（京都大学大学院文学研究科・准教授）

○「SGH と探究学習の実践」山本吉次氏（金沢大学人間社会学域学校教育学類附属高等学校・主幹教諭）

○「探究力育成のためのカリキュラムと評価」西岡加名恵（京都大学大学院教育学研究科・准教授）

E.FORUM 教育研究セミナー（2015 年 8 月 1 日）
「高等学校における探究の評価」

◎**高校生と大学生の探究成果ポスター発表会**

◎**シンポジウム「高等学校における探究の評価」**

○「生徒の自主性・自発性を高める課題研究の指導とその評価」佐藤哲也氏（高松第一高等学校・SSH 研究開発主任）

○「多様な角度から問いを深める人文・社会科学系ゼミの指導と評価」村井昂介氏（京都市立堀川高等学校・教諭）

○「高校生の探究を評価するルーブリックの検討」大貫守氏・福嶋祐貴氏・次橋秀樹氏・徳島祐彌氏・中西修一朗氏・本宮裕示郎氏（京都大学大学院教育学研究科・大学院生）

E.FORUM 全国スクールリーダー育成研修（2016 年 8 月 19 日）

◎**シンポジウム「高等学校におけるカリキュラム改善――探究的な学習を中心に」**

○「課題設定能力の育成を目指す指導と評価の実際」渡邉久暢氏（福井県立若狭高等学校・教諭）

○「高校における教員の職能成長と授業改善の可能性を探る～演劇的手法を用いたコミュニケーション力の育成とその評価研究から～」西條哲司氏（和歌山県立和歌山高等学校・教諭）

○「生徒の学びを起点とした授業改善とカリキュラム開発～教育センターとして，どう支援するか～」岡本真澄氏（大阪府教育センター・主任指導主事）

6. 学びを深めるポイント――取り組みの意義

以上，E.FORUMの主要な取り組みを紹介してきた。ここで，E.FORUMが提供している学びの特長を，改めて整理しておこう。

第1は，一過性の研修に終わらせず，「研修→現場での実践→研修→…」というサイクルが組み込まれていることである。夏の「全国スクールリーダー育成研修」には毎年，複数回参加した経験を持つリピーターが3割から5割程度，参加してくださっている。このようなリピーターからは，たとえば「今回も内容がとても充実していて，おなかいっぱいになりました。前回とは違う立場や視点で話を聴くこともできました。また何かひとつ2学期から実践してみて，また来年も来させてもらいたいと思います」といった声が寄せられている（2014年度夏の研修参加者より）。自らの実践の振り返り，今後の改善につなげるというサイクルを実現する機会として，E.FORUMの研修を活用いただいている様子がうかがわれる。このようなリピーターは，E.FORUMの研修に新規に参加してくださった方々に，研修成果を活かした実践事例を紹介してくださる存在でもある。

第2は，大学での研究成果をふまえ，多彩で質の良い研修内容を提供していることである。「全国スクールリーダー育成研修」では，毎回，講師たちの多様な専門性を活かした研修内容を提供している。そこでは，授業づくりや評価課題づくりなど明日からの実践に役立つ内容を提供すると同時に，哲学的な考察，子どもの発達，社会の動向など，教育の原理に関わる内容も提供している。受講者からは，「普段，学校現場で埋没していると，出会えないような話［にふれ］，経験の積み重ねを，理論を学ぶことで補強できたり，位置づけしたりできるようになってきた」（2014年度夏），「勤務校で多様な業務を回さないといけなくて，表面的に今の『はやり』を言葉だけで扱っていたことが多く，自分自身が嫌だったのですが，この研修会を機に，これからの社会や本質的なことをじっくり考えていきたいです」（2015年度夏）といった声が寄せられている。ややもすれば矮小化された「即戦力」としての「実践的指導力」が強調される昨今であるが，現場で働く教師たちには単なるハウツーにとどまらない教育学

シンポジウム＆ワークショップ
「『E.FORUMスタンダード』を再検討する」の様子（2015年8月22日）

的な深い知見を求めるニーズがあること，そのニーズにE.FORUMが応えていることをうかがわせる声であろう。

第3は，E.FORUM自体が，新たな研究的知見を生み出す研究開発ネットワークとして機能していることである。「E.FORUMスタンダード」の開発は，とりまとめ担当の研究者を中心として，学会の知見もふまえつつ，実践交流の場やデータベースに寄せられた事例や意見を集約する形で行っている。その策定プロセスそのものが参加する教員にとっての研修となっており，参加者の参画意識を高める契機ともなっている。「第1次案」は主に小・中学校の事例をふまえて作成されているが，再検討のためのワークショップ（上の写真）の参加者からは，「高校数学［のスタンダード］をぜひ作ろうということで盛り上がりました」（2015年夏）といった声が寄せられた。なお，スタンダードは，E.FORUMに参加しない教員にとっても，参考資料として役立つものとなっている。実際，筆者が学校や教育委員会などで行う研修において紹介すると，「『本質的な問い』やパフォーマンス課題を一から考えるより考えやすい」といった好評の声をいただいている。

さらに，教育研究セミナーは，現代的な教育課題について，小・中・高等学校の教員と大学の教員がともに考える場として機能している。このことが，京都大学教育学部における特色入試の導入など，具体的な大学の教育改革にもつながったことも特筆しておきたい。

7. おわりに――今後の課題

最後にE.FORUMの今後の課題として次の2つにふれておこう。

第1に，さらなる研修プログラムの開発である。E.FORUM設立以来，教科のカリキュラム設計が研修の核となってきたが，今後は学校づくりや教師の力量形成を対象化するような研修や研究開発も期待される。なお，そのような新たな展開を模索する端緒として，2016年2月20日には，制野俊弘氏による講演会「命と向き合う教室 ～子どもが『命』に見える学校・学級づくり」も開催した（http://ocw.kyoto-u.ac.jp/ja/opencourse/127）。

第2に，より体系的な研修とするための体制づくりである。「継続的な研修」が推進される政策[6]が打ち出されていることをふまえれば，E.FORUMの研修を単位化するといったことも，今後の検討課題となるだろう。一方で，大学の予算削減が進む中，E.FORUMをネットワークとして維持できる体制づくりも課題となっていることを付言しておきたい。

〔参考文献〕

1) 中央教育審議会「チームとしての学校の在り方と今後の改善方策について（答申）」，「これからの学校教育を担う教員の資質能力の向上について――学び合い，高め合う教員育成コミュニティの構築に向けて（答申）」，「新しい時代の教育や地方創生の実現に向けた学校と地域の連携・協働の在り方と今後の推進方策について（答申）」（いずれも2015年12月21日）。
2) 中央教育審議会「幼稚園，小学校，中学校，高等学校及び特別支援学校の学習指導要領等の改善及び必要な方策等について（答申）」（2016年12月21日）
3) G. ウィギンズ，J. マクタイ（西岡加名恵訳）『理解をもたらすカリキュラム設計――「逆向き設計」の理論と方法』日本標準，2012年。西岡加名恵『教科と総合学習のカリキュラム設計――パフォーマンス評価をどう活かすか』（図書文化，2016年）も参照されたい。
4) 西岡加名恵編著『「逆向き設計」で確かな学力を保障する』（明治図書，2008年），田中耕治編著『パフォーマンス評価――思考力・判断力・表現力を育む授業づくり』（ぎょうせい，2011年）など。
5) 西岡加名恵・石井英真・川地亜弥子・北原琢也『教職実践演習ワークブック――ポートフォリオで教師力アップ』（ミネルヴァ書房，2013年）も参照されたい。
6) 中央教育審議会「これからの学校教育を担う教員の資質能力の向上について（答申）」2015年12月21日。

3 行政による研修とネットワークのデザイン
――和歌山県教育センター学びの丘の取り組みから

和歌山県日高川町立川辺西小学校　榎本龍也

2011～2015（平成23～27）年度までの5年間，学校を離れ，和歌山県教育センター学びの丘で「教員研修」という形で教育に関わる機会を得た。研修の企画運営等の業務を通し「人口減少」が新たな学校の課題を生み出していると考えるようになった。教員間のネットワークの弱体化も「人口減少」とそれによる「教員の年齢構成の変化」が大きな要因だと考えている。本県の「人口減少」「教員の年齢構成の変化」は進行中であり，私たちにとって未知の新たな学校の課題はまだまだ生まれてくるはずである。

ここでは，「人口減少」「教員の年齢構成の変化」に対応した教員間のネットワークの再構築に関わると筆者が感じた本県教育センターの取り組みを2つ紹介する。その後，2つの研修を通し，研修実施側に身を置いていたときに見えてきた，本県の学校の抱える課題の側面と，それに対応するための今後の方向性についての筆者の私見を述べることとする。

1. はじめに「問題の意識」

「人口減少」と「年齢構成の変化」は，日本人の誰もが今まで経験したことがない社会の変化である。そのため，それらを要因としてどのような課題が引き起こされ，どのように対応すればよいかの知見は蓄積されていない。しかし，要因を規定することで，現在起こっている課題の分析やこれから引き起こされる課題を予測することができる。ここでは，先の2つの要因が教員間のネットワークに与えた影響について考えてみる。

まず，「人口減少」の影響である。次ページの表4-3-1は，文部科学省学校基本調査学級数別学校数から，本県の小・中学校の学級数を算出したものである（中学校は，25学級以上は，25～30学級，31～36学級とまとめているため27.5学級，33.5学級と中央値をもとに算出している）。本県の小・中学校の学級数は，1989（平成元）年から2015年の間に約30％減少している。学級数が減ったということは，実践を行う場，校内や地域の研究会の実践者や運営者が減少したということである。実践の場や実践者の減少は，実践の多様性が生まれる機会を減少させる。また，学校や研究会の仕事量が変わらなければ，実践者や会の構成員が受け持つ仕事量は，1人当たり約1.5倍に増えることになる。

表4-3-1 和歌山県の小・中学校の学級数

	小学校の学級数	中学校の学級数
1989年	3,203	1,504
2015年	2,346	1,042

次に，「年齢構成の変化」について見ていく。下の図4-3-1は，今回取り上げる研修のひとつである10年経験者研修が計画された2011年頃の，本県の小・中学校教員の年齢構成（棒グラフ）と全国比（折れ線グラフ）を表したもの[1]である。全国比とは，全国の教員のそれぞれの年齢の全体に対する割合を求め，本県の教員数に当てはめたものである。

当時10年経験者研修対象者ゾーン（34～46歳）の左右の後輩と先輩の人数が大きく違うことが読み取れる。特に先輩教員となる50歳以上の教員の割合が非常に高いことがわかる。10年経験者研修対象者ゾーンは，先輩のゾーンが退職するにしたがって，学校の中核を担うことになる。学校数はさほど減少しないので，先輩教員たちが複数で分担していた役割を，1人で担うようになると予測される。また，左側後輩のゾーンは増えていくので校内では少数派として学校運営の中核を担っていくことになる。

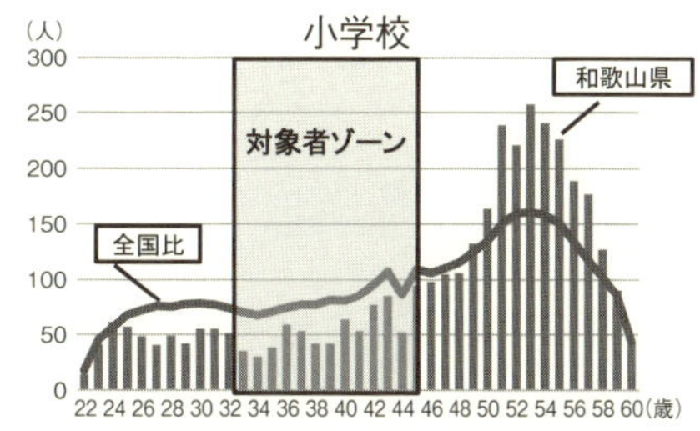

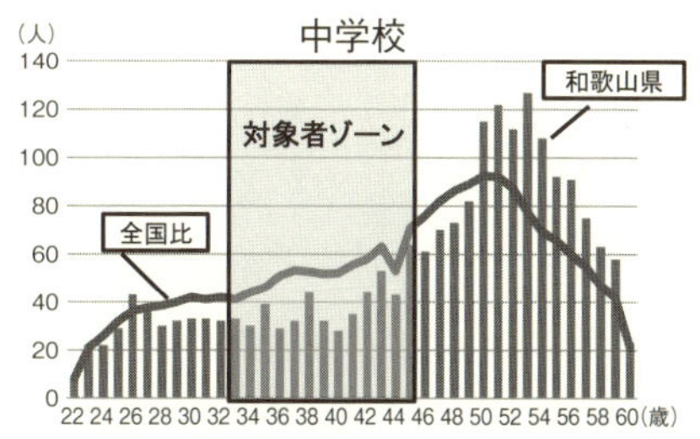

出典：清野祐介「ミドルリーダー育成に向けた10年経験者研修の実施プログラムの在り方についての一考察」『平成25年度和歌山県教育センター学びの丘研究紀要』

図4-3-1 和歌山県の小学校・中学校教員の年齢構成

教員数の減少や教員の年齢構成が変化することで，教員に求められる役割や力量は増加し変化してきた。同じ形で，校内や地域の教員間のネットワークを維持することは難しくなっているのである。

教員の力量は，現場で自らの実践を積み上げ，その実践を他の教員の多様な実践と比較できるような教員間のネットワークの中で形成・向上されていく。ネットワークの弱体化は，教員の力量形成の弱体化を招くこととなる。現在の条件に合ったネットワークのあり方，構築・維持の方法等を探る必要がある。

2. 変化に対応する本県教育センターの具体的な取り組み

先に述べたような，教員数の減少や年齢構成の変化への対応を意識した本県教育センターの取り組みについて２つの研修を簡単に紹介したい。

（1）10年経験者研修の取り組み

現在の10年経験者研修対象者世代は，全教員の中では少数のため，先輩教員の退職に伴い，校内の数多くの役割を担うことになる。少数派のため，校内の意見調整を行うことは，今まで以上に難しくなりそうである。また，本県の学校数が急激に減少しないかぎり，この世代の教員は，10年後，半数以上が管理職や指導主事となることを求められる[2)]。今まで特定の世代が，これほど数多くの役割を担ったことはない。つまり，モデルとしてその姿を体現し導いてくれる先輩は，ほぼいないのである。この変化にうまく対応できず，教員の仕事にやりがいを見つけられない者が増加することも予想される。

そこで本県の10年経験者研修は，「教員の年齢構成に起因する教育諸課題への対応」と「10年経験者研修対象教員のキャリア・デザインを支援する」ことをねらいに，2011年度より**表4-3-2**のように研修内容が変更された[2)]。変更時のキーワードは「同僚性」「協働性」である。

研修の流れは，共通研修１で，研修受講者の置かれている状況やこれから求められる役割の変化について知り，うまく役割の変化に対応できない現状があることも知る。共通研修２～４で「生徒指導」「危機対応」「授業改善」をテーマにした演習を行う。演習では毎回，指導主事がファシリテーターとなりグ

表4-3-2　2011年度10年経験者研修の流れ

	校外		校内
5月	共通研修1	キャリアデザインについて	—
7月	共通研修2	生徒指導について	—
8月	共通研修3	危機対応について	—
8月	共通研修4	授業改善について	—
	—	—	校内研修企画，運営
12月	共通研修5	校内研修会運営の実践発表	—

ループで演習を行う。

次に，研修受講者は共通研修2～4受講後，各自の所属校で校内研修を企画し運営する。企画・運営した校内研修は報告書にまとめ，共通研修5で互いに報告する（本県教育センターでは，校外研修と校内研修を連携させた研修をW型研修・往還型研修と呼んでいる）。

研修受講者の世代は少数派であり，先輩教員が多いので，校内研修の企画・運営経験者は少ないと予想し，そこに対応する研修が計画された。研修受講者は，共通研修2～4で演習を受ける側の立場を経験する。このとき同時に，研修を運営する指導主事の姿からファシリテーターとしての運営者のふるまいや役割が学び取れるような工夫がなされていた。

まず，研修内容のつながりの工夫である。次ページの表4-3-3に共通研修2～5の内容をまとめている。研修の回が進むごとに校内の参加者が増え，意見をまとめることが難しくなっている。研修受講者は，少しずつ自分とは違う多様な立場を意識しながら，意見をまとめる力量の必要性を感じていく。また，多様な立場の者が，力を合わせ課題解決に向かうときに必要となる「同僚性」や「協働性」を演習の中で体験する機会となっている。

次に，研修運営者の力量形成の工夫である。研修運営者は，ファシリテーターとして研修を通し参加者の同僚性や協働性を育んでいく。研修受講者が，このような運営者の技量に気づくためには，目の前で実際に研修を運営している指導主事がいちばん身近な運営者モデルとなることが大切である。しかし，研修運営担当の指導主事は異動等で毎年のように入れ替わる。書面や動画等で残っ

表 4-3-3　共通研修の段階性

	共通研修 2	共通研修 3	共通研修 4	共通研修 5
テーマ	生徒指導	危機対応	授業改善	学校改善
研修方法	インシデント・プロセス法	シミュレーショントレーニング	ワークショップ型授業検討会	ポスターセッション
研修目的	児童生徒の事例検討	危機への対応	組織的な授業改善の推進	学校改善の具体化
扱う課題	個人の課題	組織（チーム）の課題	個人と組織の課題	組織（学校全体）の課題
ファシリテートの目当て	課題共有の必要性への気付き	組織における自分の役割への気付き	組織に働きかけることへの気付き	組織に働きかけることへの理解
参加者の意識	仲間と一緒に取り組む	チームでの対応が必要	組織的にベテランの協力と若手育成	職員間の意見調整
組織の大きさ	関係職員	委員会等	学年あるいは全校体制	全職員

出典：木村慶，町田尚志，亀井真竜「キャリア・デザインを支援する『教職 10 年経験者研修プログラム』開発のための基礎的考察」『平成 22 年度和歌山県教育センター学びの丘研究紀要』

ている前年の研修記録を参考に進行をなぞるだけでは，先に述べたファシリテーターの役割は果たせない。研修受講者が毎年違うからである。そこで，他課に異動した者も含め，運営経験者が，初めて研修を担当する指導主事に寄り添い，研修を運営しながらの力量形成が行われていくこととなる。この研修は，関わる指導主事と研修受講者の両方のファシリテーターの力量を形成する「緻密な伏線」が張られた研修機会であると感じていた。

研修受講者の感想として，以下の 2 つがこの取り組みが雑誌に紹介されたときに報告されていた。

「10 年経験者の仲間から，それぞれが校内研修に取り組んだ報告を聞き，『自分たちで学校を変えることができる』との実感を得た」

「振り返ることもなく過ごしてきた教職 10 年だったが，毎回の研修で自分を見つめ，振り返ることができた。今後すべきことを考える機会となり，『自分自身のキャリアを意識的にデザインすることの必要性』を感じた」

また，研修を担当した指導主事も，自分が担当する他の研修に W 型・往還型の研修を取り入れようとしたり，研修受講者の研修前後の質的な変化を捉える評価方法を探し，実施・検証しようとしたりするなど主体的に課題を追究する姿を見せる者が多かった。研修に関わった者のその後の行動に影響を与える研修であると感じている。

本県10年経験者研修の詳細は，本県教育センター学びの丘研究紀要「ミドルリーダー育成に向けた10年経験者研修の実施プログラムの在り方についての一考察」[3)]，「キャリア・デザインを支援する『教職10年経験者研修プログラム』開発のための基礎的考察」[4)] に詳しいので一読いただきたい。

（2）中学校数学科教育実践研修の取り組み

10年経験者研修は，法定研修なので長期間にわたり研修回数も多くとり，じっくりと取り組むことができる。この形をそのまま取り入れ他の研修を実施することはできない。そこで，この研修のエッセンスを活かした研修として筆者が関わった，中学校数学科教育実践研修の取り組みを紹介する。

本県では，これまでの全国学力・学習状況調査の結果から，知識・技能を活用して課題を解決するために必要な思考力・判断力・表現力等の面で課題が見られた。この課題を解消していくために，まず全国学力・学習状況調査の出題のねらいや，実際の問題の構成について理解を深め，思考力・判断力・表現力とは具体的に何ができる力か捉えること，その上で，各校の生徒の実態に応じ授業改善を促すことを目的に実施した研修である。対象者は，すべての中学校数学科担当教員（初任研修受講者除く）であり，2013～2015年の3年間のいずれかの年に受講することになっていた。

授業改善の方向を伝え，各校での実践を促すだけでは，実践にまで至らないことが多い。また，1人で実践と，実践の善し悪しを振り返り授業改善を続けることも難しい。そこで，本研修は，授業改善の方向を知り，実践し，実践経験から得た各自の経験や知恵を交流することまでを含めることとした。次ページの**表4-3-4**のように3回の校外研修と，校外研修の間に2回の自己研修（次回までの課題）のあるW型・往還型の研修として実施した。

この研修は，研修③で，研修受講者が自ら実践した思考力・判断力・表現力をつける授業についての経験や知恵を交流し，成果と課題を自分たちで確認することができるよう，研修①，研修②を組んでいる。研修③で成果と課題を交

表 4-3-4　中学校数学科教育実践研修の内容

		校外研修	自己研修
6月	研修①	講義：出題の枠組み 演習①：正答の条件を選ぶ 演習②：正答の条件を作る	―
	やってみる		二学期の授業での題材を探してみる。
9月	研修②	講義：授業の具体的な工夫 演習①：指導主事による模擬授業 演習②：授業案の作成	―
	やってみる		研修③までに実践し，記録を持ち寄る。
10～11月	研修③	演習①：実践交流 演習②：研究授業・協議 演習③：研修全体のふりかえり	―

流するためには，授業改善の方向性を共有する必要がある。そこで，研修①では「実践を交流するために，中学校数学科で身につける思考力・判断力・表現力について枠組みを共有する」，研修②では「思考力・判断力・表現力を育てる具体的な工夫を知る」ことをねらいとした。

また，研修のねらいに関わるキーワードとして「正答の条件」を設定した。「正答の条件」は評価に関わるキーワードである。つける力の明確化という評価の面から授業改善を進めてほしいという運営者側の思いを込めたものである。具体的には，ある特定の単元や授業方法を限定して伝達するのではなく，思考力・判断力・表現力が育つなら，どの教材でも，どんな方法でもいいこと，つけるべき思考力・判断力・表現力は，目の前の子どもの状態に合わせて，徐々に高次のねらいに変えていくべきものであること等に気づいてほしいという運営者の思いを込めたものである。

加えて，数学科で育てる思考力・判断力・表現力を各自が自分の言葉で捉えられるよう，講義や演習の後，気づきや感想をグループで交流し，講師に質問する機会をつくることとした。

研修の流れは**表 4-3-5** に示すとおりである。研修①では，中学校数学科で育てる思考力・判断力・表現力について，全国・学力学習状況調査B問題の出題の枠組から学ぶこととした。研修②では，①で学んだ力をつけるために，授業で行われている具体的な工夫について学ぶこととした。研修①，研修②では，それぞれ国立教育政策研究所から学力調査官，教科調査官を講師として招いた。2人の調査官には，2つお願いをした。

1つは，午前の講義内容に，午後の演習時に使う情報や技能等を組み入れてもらうことである。生徒にねらった力がついたかという評価の視点から授業改善を軸としたかったため「正答の条件」という言葉をキーワードとし，その言葉の説明や，正答の条件の設定方法について講義の中に入れてもらった。

もう1つは，午後，最初のグループ活動で午前の講義内容についての感想や質問事項をグループでまとめ発表するので，それらをふまえ講評を行ってもらうことである。

表4-3-5　研修の流れ

研修①

午前	講義（調査官）
午後	演習①講義の感想・質問公開
	演習②正答の条件を選ぶ
	演習③正答の条件を作る
	調査官講評，質問への回答

研修②

午前	講義（調査官）
午後	演習①講義の感想・質問公開
	演習②指導主事による模擬授業
	演習③授業案作成・交流
	調査官講評，質問への回答

本県では，県北部と県南部では，学校規模の違いにより，校内での数学科担当教員数に違いがある。地域の書店数や規模にも大きな差が生じている。つまり，研修前に得ている経験や情報に地域差が生まれている。そんな中では，研修受講者自身が受けたことがない思考力・判断力・表現力を育てる授業改善の方向性を共有することは難しい。そこで，講師には，参加者の質問から理解度や興味を読み取ってもらい，講評時に参加者の状況に合わせ的確な情報発信をしてもらえればと考えたのである。また，演習で使ったプリントは，学校や地域で研修受講者が話題提供者として使えるようなシンプルなものをめざした。

研修の参加者のアンケートからは，初年度第1回の研修では，3回という研修の日数が多いという不満が見られた。しかし2回目以降は少なくなり，次年度からはなくなった。それとともに，数学科の教員同士で授業について語り合う機会がもてたことへの満足度を表す感想が増えていった。

「正答の条件」という評価部分のキーワードを設定することで，授業改善の方向性を見失うことなく3回の研修をつなぐことができた。研修②の演習後の交流では，授業計画時の「発問の難しさ」「正答の条件を作る難しさ」「正答と準正答の境を決める難しさ」, 等が話題となった。研修③の授業実践の交流では, 思考力・判断力・表現力といった力を育てる授業の中で長期的な取り組みの必要性が話題となることが多かった。3回の研修を通し, 思考力・判断力・表現力を育成する授業の難しさが具体的に見えはじめたようである。言い換えれば, 次に取り組むべき課題が見えてきたということであろう。

研修受講者の多くは数学科教員が1人配置または, 若手教員と2人配置であったため, 普段は校内で数学科の授業改善について話す機会があまりないということであった。研修受講者同士が対話する機会や, 研修受講者が質問したことに講師に答えてもらうという機会は, 自分たちが受けたことがない思考力・判断力・表現力を育てる授業についての理解を進めたようである。

筆者にとって, この研修に関わる中で, 大変印象に残る研修受講者がいる。研修①のときの講師に「B問題は数学の問題といえるのだろうか？」という質問をした研修受講者である。

講師は講評時に「確かにB問題は, われわれが従来考える数学の枠の中には収まらないと私も感じている。しかし, これからの社会で子どもたちが必要な力を考えるとき, B問題のような設定も数学科の中でつけていく力だといえるのではないでしょうか？」という趣旨の話を具体例を交えしてくれた。その受講者が, 研修③でこの研修を通しての感想を「自分には, 今でもB問題を解く数学の楽しさはわからないが, 取り組む子どもの姿を見て, B問題のような問題を解く楽しさもあるのだということを感じた」と発表した。実践の中での子どもの変容が, 教師のものの見方を広げるいちばんの原動力となることを再確認した瞬間であった。また, 自分の言葉で自分の思いを質問することで, 新たな実践に一歩踏み出せたのか受講者に問う機会はなかったが, W型・往還型の研修として, 授業実践と実践交流まで研修のつながりの中に取り込むことに手ごたえを感じた瞬間でもあった。

3. 研修に取り組んで見えてきたこと

W型・往還型研修の特徴は, 「講義で学んだこと（入力）を, 演習で使う（出力）」「校外研修で学んだこと（入力）を校内研修で使う（出力）」「研修受講者（入力）と研修運営者（出力）を経験する」といった立場や役割の違いを行き来しながら，学びを広め深めていくところにある。また，10年経験者研修では，研修成果を説明するモデルとしてコルブの経験学習モデル，W型・往還型を意識して取り組まれた研修の１つである授業力向上共同研究会（国語科）[5]の研修設計モデルとしてインストラクショナルデザイン（R. M. ガニエ）のADDIEモデルが示されている。

これらの研修は，課題解決の円環思考モデルの定着を研修のねらいとしているといえる。筆者も中学校数学科教育実践研修を設計するとき「現状を知り課題をつかみ，課題解決への情報を集め，集めた情報を整理・分析し，自分で使ってみる」というような総合的な活動の時間で示される課題解決の思考手順の回転と，思考が一周したときに同じところをぐるぐる回らないように方向を少し変えるコツや知恵を蓄積することに気づいてもらいたいと思っていた。

授業力向上共同研究会は，研究会への参加者は少ないが（９名），取り組む期間が長く，回数も多いため，研修時の研修受講者の変容を詳細に捉え，W型・往還型研修の課題を提示している。それは，研修受講者の取り組みが研修後あまり持続しないということである。その解決策として管理職へのマネージメントと研修受講者へのフォローアップの重要性を提言している[6]。

データをとっていないが，筆者も同じようなことを感じていたので，おおむねその意見に賛成である。しかし，課題解決には，もう少し長く広い見通しをもつ必要があると思っている。本県の教員の多くは，大人集団の課題解決の円環思考モデルを行うことに不慣れだという印象がある。「課題や解決方法を自分たちで探るよりも，誰かに教えてもらいたい」「探る手順が面倒くさい」「試行錯誤の時間が無駄」などの声をよく聞くからである。

円環思考モデルは，答えがない課題に取り組むのであるから試行錯誤が続き，成果にたどり着くまで手間と時間がかかる。また，10年経験者研修の研修内容が示すとおり，円環思考モデルに関わる人数が増えるほど「動かす」ことが難しくなる。そして，大人集団を動かすには，子ども集団を動かすこととは違った技量が必要になる。まずは，大人集団の中で，意見の違う大人同士をつなぎながら円環思考モデルを実際に回し，成果をあげた経験者を増やすことが必要だと考える。

校内研修の実施や授業実践等を研修内容に含むと，研修受講者一人ひとりが向き合う課題の要素をそろえられないため，一律に同じ到達目標を設定し評価できなくなる。この種の研修では，到達目標よりも方向目標による，「思考の過程や次の手を選択する判断などの動き」の評価がなじむと感じている。コルブの経験学習モデルやADDIEの概念図の中の項目と項目をつなぐ矢印部分を評価できればと思うのだが，筆者の知見ではまだまだ及ばない部分である。

円環思考モデルは，ごく当たり前に行われてきた教員間の研修の形であった。実践を持ち寄り，交流の中から学びや気づきが生み出され，それを持ち帰り，少し工夫を加えた実践を行う。その実践の結果をまた持ち寄る。筆者が教員になった1989年には，各地域，各学校で特別に意識されることもなく，教員間で円環思考モデルが動いていた。実践を持ち寄った先で指摘されたことに対し何とか答えを探そうと実践を積み重ねた。指摘した相手の顔を思い浮かべながらの実践の工夫は，苦しくもあり楽しくもあった。二十数年前には，教員の日常としてあったものが，今はW型・往還型の学びや，円環思考モデルと名前をつけなければ見落としてしまう珍しいものとなった。

消えてしまった要因には，教員の年齢構成の変化に加え，実践の場，実践者数の減少が大きく関わっていると考えている。実践の場や実践者が減る中で，実践の多様性の維持や会の運営が難しくなり「集まる機会や場」が消失し，大人集団の中で円環思考モデルを動かす機会がなくなり継承されなくなったのではと考えている。また，かつて使っていた者たちも使う機会がなくなり使い方を忘れていったようなのである。

二十数年かけて日常から消えたものを再び日常に取り戻すことは，容易なことではない。大人集団による円環思考モデルを動かす経験をした教員が増え，円環思考モデルが教員の日常の一部となっていくような取り組みが必要である。新たに計画した2日間の研修モデルは，筆者自身の当時の業務の中で先に示した課題解決への一歩を進めたいと思ったからである。

研修モデルの日数を2日間と短くしたのは，研修日数が少なければ，より多くのパターンの研修を企画でき，受ける側と運営する側の両面から経験者を増やせるからである。円環思考モデルを動かす経験をした者が増えることで，課題解決に関わる雰囲気が変化し，その雰囲気が継続されることで日常が変化し，ある種の学校文化として定着していけばと考えた。そのように日常が変化していくどこかで，先述した実践者数や実践の場が減るといった未経験の社会状況に合わせた新しい教員のネットワークが必要なものとして自然に生まれてくるはずである。なぜなら円環思考モデルは他者を必要とするからである。

社会の変化は急激である。しかし，変化に対応する力を教員が身につけていくには，少し長く，そして広い見通しをもち取り組む必要がある。教育行政に携わる者は，少なからず全県の教育に関わっている。各自が携わる役割の中で見通しをもち行動することが教育行政に携わる者，携わった者の使命，役割だと考えている。

〔参考文献〕

1）清野祐介「ミドルリーダー育成に向けた10年経験者研修の実施プログラムの在り方についての一考察」『平成25年度和歌山県教育センター学びの丘研究紀要』
http://www.wakayama-edc.big-u.jp/kenkyukiyo25/H25/H25-2.pdf
2）榎本龍也「これからの学校管理職の力量形成とその機会に関わる研究の現状について」『平成25年度和歌山県教育センター学びの丘研究紀要』
http://www.wakayama-edc.big-u.jp/kenkyukiyo26/H26/H26_3.pdf
3）清野，前掲論文
4）木村慶，町田尚志，亀井真竜「キャリア・デザインを支援する『教職10年経験者研修プログラム』開発のための基礎的考察」『平成22年度和歌山県教育センター学びの丘研究紀要』
http://www.wakayama-edc.big-u.jp/kenkyukiyo22/H22/H22-2.pdf
5）西宏美「効果的な研修デザインについての一考察—小・中学校教員の協働による授業力向上共同研究会（国語科）を通して—」『平成27年度和歌山県教育センター学びの丘研究紀要』
http://www.wakayama-edc.big-u.jp/kenkyukiyo27/H27/H27_3.pdf
6）同上

4 広島版「学びの変革」アクション・プランをふまえた教師によるアクティブ・ラーニング

広島県教育委員会　北川千幸

1. はじめに

広島県教育委員会では，2014（平成 26）年 12 月に「広島版『学びの変革』アクション・プラン」（以下，「本プラン」）を策定した。

本プランでは，育成すべき人材像を「広島で学んだことに誇りを持ち，胸を張って『広島』，『日本』を語り，高い志のもと，世界の人々と協働して新たな価値（イノベーション）を生み出すことのできる人材」と掲げている。

「本プラン」を策定するに至った問題意識は 2 点挙げられる。1 点目は，本県の児童生徒の学力の状況として，基礎的な知識・技能はおおむね定着しつつある一方で，習得した知識・技能を活用する力や学習意欲などに課題が見られることである。2 点目は，社会が急速に変化しているということである。これからの社会を生きていく子どもたちが成人して社会で活躍する頃には，厳しい挑戦の時代を迎えている。変化が激しく先行きが不透明な社会においては，学校で学んだ知識・技能を定型的に活用して解決できる問題は少なく，「獲得した知識・技能を次の学習や生活に活用する力」や「他者と協働する力」，そして，それらの力をベースとして「生涯にわたって主体的に学び続ける力」を育んでいくことが不可欠である。

これらのことから，めざすべき教育の方向性として，「知識を活用し，協働して新たな価値を生み出せるか」を重視する「コンピテンシーの育成をめざした主体的な学び」を促進していくこととした。そのための方策として，課題を発見し解決する過程を通して主体的な学びを進める「課題発見・解決学習」や，海外の姉妹校との交流活動を行うなどの「異文化間協働活動」の 2 つを重点的に推進し，2018（平成 30）年度には，県内すべての公立学校において，「主体的な学び」に関する実践が行われることをめざしているところである。

県教育委員会としては，「学びの変革」の理念や方向性は示すが，具体的な手段・方法については，各学校において，児童・生徒，学校，地域の状況に応じて考え判断し実践することとしている。

2. 取り組みの目的と概要

2015（平成27）年度から，本プランにもとづき，小・中・高等学校において「課題発見・解決学習」推進プロジェクトを実施している。「本プラン」がめざすゴールは，単に「課題発見・解決学習」が行われることではなく「すべての子どもたちに『主体的に学び続ける力』を育成すること」である。そのためには，教職員の意識改革を進めなければならない。教職員自身がまず生涯にわたって主体的に学び続ける教職員であることが求められる。

ここでは，「本プラン」にもとづく「小・中学校課題発見・解決学習推進プロジェクト『学びの変革』パイロット校事業」について述べる。本事業では，小・中学校30校をパイロット校として指定し，「課題発見・解決学習」を位置づけた年間指導計画および単元計画，指導方法，評価方法等についての研究開発を進め，その成果を検証・普及することに取り組んでいる。

初年度となる2015年度は，各パイロット校に1名配置している中核教員に対して年10回の中核教員研修を実施し，「学びの変革」の基本的な理念や考え方の共有を図るとともに，国内外のさまざまな理論や実践を幅広く学ぶことができるよう，「主体的な学び」に関する第一人者の先生方から丁寧な指導をいただいた。また，パイロット校に対する「チューター制度」*を導入し，教科および総合的な学習の時間の担当指導主事が「担当チューター」として中核教員に必ず付き，学校全体での組織的な取り組みをサポートすることとした。この

＊チューター制度
「本プラン」にもとづく「学びの変革」パイロット校事業の趣旨をふまえ，パイロット校における研究開発を円滑に実施するとともに，開発内容の質の向上を図るために，各パイロット校に対し，研究教科と同一の県教育委員会（義務教育指導課，教育事務所・支所，県立教育センター）の教科担当指導主事１名を担当者として配置したものである。中核教員および市町教育委員会担当者と日常的に連携をとり，学校訪問指導を行いながら，研究内容や研究の進め方等について共同研究および指導・助言等を行うことを役割としている。

ような取り組みの成果を県内すべての学校に広げるために，中核教員研修の内容は，資料とともに県教育委員会のホームページに動画で掲載し，全教職員が閲覧できるようにしている。また，本プランの趣旨や基本的な考え方などをまとめた「広島県教育資料」を作成し，各学校へ配付している。

2年目となる2016（平成28）年度は，パイロット校に加え，新たに実践指定校46校を指定し，単元開発のさらなる推進，開発した単元の改善・実践，普及体制の構築に取り組んでいる。また，パイロット校を中心に，「課題発見・解決学習」を各地域に普及させていくことを目的に，各市町教育委員会が主体となる「学びの変革」推進協議会を市町ごとに立ちあげている。

中核教員は，2016年度からは，地域での指導が主な役割となる。そのため，新たに，県教育委員会主催の「パイロット校研究開発協議会」を年に4回開催し，さらなる理論研修に加え，それぞれの実践等を持ち寄り，地域への指導方法について交流している。4回のうち1回は，県内を5地域に分け，地域別の授業研究会を開催する。なお，実践指定校に配置している研究担当教員は，県教育委員会主催の実践指定校アップグレイド研修に参加し，理論や実践について学んでいる。

図4-4-1 「小・中学校課題発見・解決学習推進プロジェクト」における研修体制

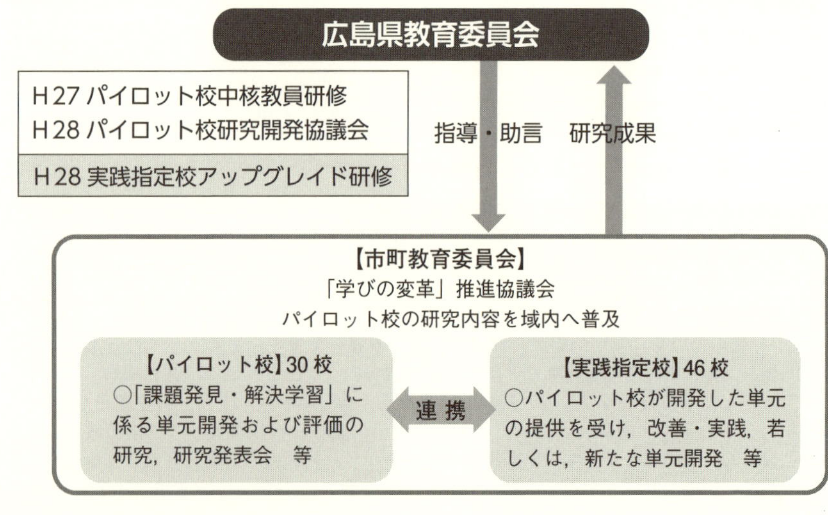

3. 教師の学びの実際

（1）平成27年度中核教員研修

●第1・2期中核教員研修（4月）

パイロット校校長，中核教員，県・市町教育委員会担当者が参加し，理論研修を行った。上智大学の奈須正裕教授からは，「資質・能力を基盤とした教育について」というテーマで，また，京都大学大学院の西岡加名恵准教授からは「資質・能力を育てるカリキュラムをどう構想するか」というテーマで，それぞれ講演いただいた。

翌日に実施した第2期中核教員研修では，上智大学の奈須正裕教授と文部科学省の田村学視学官を招き，講演いただくとともに，「総合的な学習の時間の単元計画を探究的な学習にブラッシュアップする」というテーマで，ある学校で実践されている総合的な学習の時間の学習指導案を取りあげ，どのように改善するのかということについて，対談をしていただいた。

●第3期中核教員研修（5月）

西岡准教授による講話

テーマは,「各教科を通じたコンピテンシーの育成及びパフォーマンス課題の作成と指導計画について」である。京都大学の西岡加名恵准教授に，絶対評価や相対評価，個人内評価，目標に準拠した評価の長所・意義や問題点・課題とともに，知識・技能を活用して課題を解決するために必要な思考力，判断力，表現力を評価する方法の一つとしてパフォーマンス評価を紹介していただいた。

●第4期中核教員研修（6月）

テーマは，「総合的な学習の時間『教科の学力を生かす！　探究的な学習の単元づくり』」である。まず，県教育委員会の指導主事が，「教科の学力を生かす！　探究的な学習の単元づくり」というテーマで講話を行った。続いて，関西大学の黒上晴夫教授に，「探究的な学習におけるシンキングツールの活用について」というテーマで，実際にシンキングツールを活用する演習を取り入れながら講義をしていただいた。午後は各教科に分かれて，開発しようとしている単元についてグループ協議を行った。主体的な学びを促すためには，「課題の設定」が重要になる。他者から与えられた課題では，真の意味での学習者が求める本気の学びが成立しない。学びの当事者である子ども自身が，本気になって学ぶことでこそ，資質・能力が育成される。また子どもは自らの問いを基点とした課題が設定されれば，大人の指示を受けなくても自主的に学習活動を展開し，教室や学校を離れ，日常の生活の中で学びを連続していく。そこで，子ども自らが課題を設定するためには，どのような教師の働きかけが必要か，単元をどのように改善していくとよいかなど熱心な議論が交わされた。

たとえば，既有知識や素朴概念との「ずれ」や「隔たり」，理想と現実の対比，既習内容とは違う結果などを提示することにより，「なぜ」という問いが生まれるということ，子どもの興味・関心を把握し，インパクトのある具体物などを提示することにより，「やってみたい」という思いをもたせることができるなどの指導の工夫が出された。

中核教員による協議

参加者のアンケートより

- 迷っていましたが，いろいろ御指導いただいたので，方向性が見えてきました。特に課題設定の方法についての意見をたくさん聞くことができ，大変勉強になりました。
- 校内研修で思考ツールの捉えや活用方法を研修し，先生方が授業で活用していけるようにしていきたいです。子どもたちの思考を深める手立てとして，とても有効だと思いました。

●第５期中核教員研修（６月～７月）

グループに分かれて県外先進校視察を行った。中核教員は，各地の先進校を訪れ，それぞれの学校の主体的な学びの姿，課題解決的な学習の様子を視察した。

区分	期　日	訪　問　校
第１団	6月22日（月）	横浜市立大岡小学校
第２団	6月26日（金）	町田市立鶴川第二小学校 新宿区立大久保小学校
第３団	7月　7日（火） 7月　8日（水）	伊那市立伊那小学校 上越市立大手町小学校
第４団	7月　9日（木）	仙台市立広瀬小学校

先進校視察で得た学びを校内に還元するとともに，各自でレポートを作成し，第７期中核教員研修において交流した。

横浜市立大岡小学校視察
（生活科）

新宿区立大久保小学校視察
（総合的な学習の時間）

●第６期中核教員研修（８月）

テーマは，「学びの変革に対応した学習評価のあり方」である。午前は広島大学大学院の吉田成章准教授から「これからの学習評価のあり方について」というテーマで，実践事例をもとに，評価を活かす授業設計のあり方について講義をしていただいた。午後からは，県教育委員会の指導主事がＩＣＥモデルを用いたルーブリックの作成や，パフォーマンス課題とその評価について講話した。

●第７期中核教員研修（９月）

先進校視察の報告や，中核教員が開発している「課題発見・解決学習」の単元計画や学習指導案等の検討を行った。

●第８期中核教員研修（10月）

廿日市市立大野中学校の木村央子教諭が１学年数学科「変化と対応」の「課題の設定」の場面を授業提案した。ピンポン球とドミノの衝突実験といった具体的な事象の中から，「伴って変わる２つの数量」に関心をもち，その関係を調べようとする関心・意欲を高めることをねらいと

廿日市市立大野中学校授業公開の様子

した授業であった。

「具体物やＩＣＴを活用した導入が参考になった」という声が多かった一方で，小学校での既習事項の活用や今後の学習の見通しのもたせ方等に関して，改善に向けた意見が出された。その後，京都大学大学院石井英真准教授から，授業提案に対する指導，助言をいただいた。

中核教員による研究協議

参加者のアンケートより

●他校の実践報告を聞いてとても参考になりました。特に校内研修のあり方では，授業研究のもち方だけでなく，どのように協議を充実させるか，それをどのように全職員に周知させるか，具体的に知ることができ，本校の体制を改めて見直そうと思いました。

●いちばん悩んでいる課題発見の場面の授業を見せていただき参考になりました。子どもの実態をしっかり把握し，子どもの学びたいこと，教師が教えたいことが合致する課題を設定することが大切だと感じました。

●第９期中核教員研修（11月）

海田町立海田東小学校の東真由美教諭が，第５学年国語科「海田町の誇り！世界人『織田幹雄』をパネルで紹介しよう！」の授業提案を行い，上智大学奈須正裕教授が指導，助言を行った。

言語活動として，海田町出身の日本人初の金メダリスト「世界人『織田幹雄』」を紹介する展示パネルを作ることを設定し，本時ではパネルに書く紹介文の構

海田町立海田東小学校の授業公開の様子

奈須教授による指導，助言

成の部分を取り扱った。参加者からは，「単元に対する熱意とそこに至る準備に刺激を受けた」という声が多くあった一方で，国語科としてのねらいに関わることや児童の「主体的な学び」を促す改善方法などについて意見が交わされた。

●第10期中核教員研修（1月）

パイロット校の研究を広く普及するために，県内の教職員約1200名が参加する実践交流会を開催した。尾道市立土堂小学校の保森智彦教諭が総合的な学習の時間の取り組みについての実践報告を行った。その後，すべての中核教員が開発した教科の単元の概要と実践をまとめたポスターを展示し発表を行った。

ポスター発表の会場風景

また，上智大学の奈須正裕教授にコーディネーターをしていただき，東京都町田市立鶴川第二小学校，神奈川県横浜市立大岡小学校，新潟県上越市立大手町小学校の教員等が「主体的な学びを促す授業づくり，組織的に取り組むための工夫」をテーマにパネルディスカッションを行った。

図4-4-2　パイロット校の発表（尾道市立土堂小学校の開発単元）

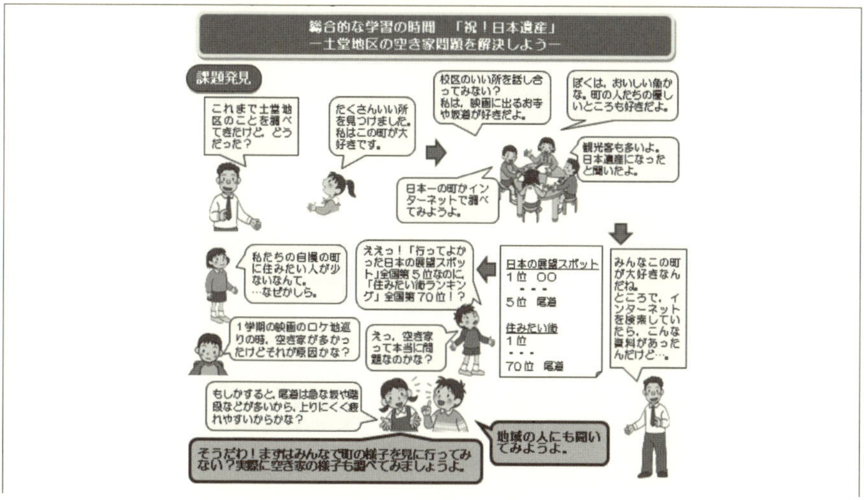

総合的な学習の時間　「祝！日本遺産」
－土堂地区の空き家問題を解決しよう－

課題発見

これまで土堂地区のことを調べてきたけど，どうだった？

たくさんいい所を見つけました。私はこの町が大好きです。

校区のいい所を話し合ってみない？
私は，映画に出るお寺や坂道が好きだよ。

ぼくは，おいしい魚かな。町の人たちの優しいところも好きだよ。

観光客も多いよ。日本遺産になったと聞いたよ。

日本一の町かインターネットで調べてみようよ。

みんなこの町が大好きなんだね。
ところで，インターネットを検索していたら，こんな資料があったんだけど…。

日本の展望スポット
1位　○○
－－－
5位　尾道

住みたい街
1位
－－－
70位　尾道

ええっ！「行ってよかった日本の展望スポット」全国第5位なのに，「住みたい街ランキング」全国第70位！？

私たちの自慢の町に住みたい人が少ないなんて。…なぜかしら。

1学期の映画のロケ地巡りの時，空き家が多かったけどそれが原因かな？

えっ，空き家って本当に問題なのかな？

もしかすると，尾道は急な坂や階段などが多いから，上りにくく疲れやすいからかな？

地域の人にも聞いてみようよ。

そうだわ！まずはみんなで町の様子を見に行ってみない？実際に空き家の様子も調べてみましょうよ。

（次ページに続く）

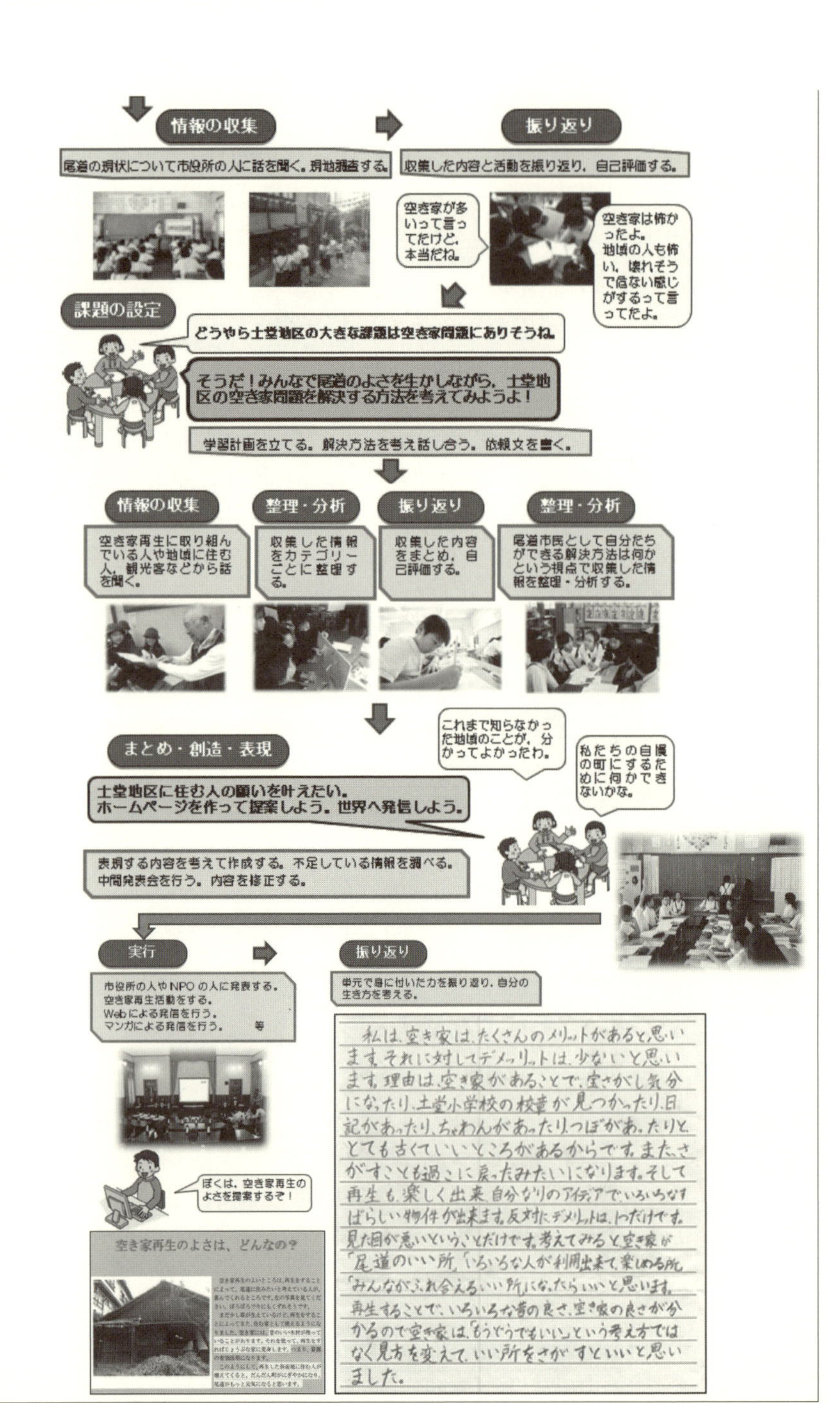

情報の収集
尾道の現状について市役所の人に話を聞く。現地調査する。
振り返り
収集した内容と活動を振り返り，自己評価する。
空き家が多いって言ってだけど，本当だね。
空き家は怖かったよ。地域の人も怖い，壊れそうで危ない感じがするって言ってたよ。
課題の設定
どうやら土堂地区の大きな課題は空き家問題にありそうね。
そうだ！みんなで尾道のよさを生かしながら，土堂地区の空き家問題を解決する方法を考えてみようよ！
学習計画を立てる。解決方法を考え話し合う。依頼文を書く。
情報の収集
空き家再生に取り組んでいる人や地域に住む人，観光客などから話を聞く。
整理・分析
収集した情報をカテゴリーごとに整理する。
振り返り
収集した内容をまとめ，自己評価する。
整理・分析
尾道市民として自分たちができる解決方法は何かという視点で収集した情報を整理・分析する。
まとめ・創造・表現
これまで知らなかった地域のことが，分かってよかったわ。
私たちの自慢の町にするために何かできないかな。
土堂地区に住む人の願いを叶えたい。
ホームページを作って提案しよう。世界へ発信しよう。
表現する内容を考えて作成する。不足している情報を調べる。
中間発表会を行う。内容を修正する。
実行
市役所の人やNPOの人に発表する。
空き家再生活動をする。
Webによる発信を行う。
マンガによる発信を行う。　等
振り返り
単元で身に付いた力を振り返り，自分の生き方を考える。
私は，空き家は，たくさんのメリットがあると思います。それに対してデメッリットは，少ないと思います。理由は，空き家があることで，宝さがし気分になったり，土堂小学校の校章が見つかったり，日記があったり，ちゃわんがあったり，つぼがあったりと，とても古くていいところがあるからです。また，さがすことも過こに戻ったみたいになります。そして再生も，楽しく出来，自分なりのアイディアでいろいろなすばらしい物件が出来ます。反対にデメリットは，1つだけです。見た目が悪いということだけです。考えてみると空き家が「尾道のいい所」「いろいろな人が利用出来て，楽しめる所」「みんながふれ合えるいい所」になったらいいと思います。再生することで，いろいろな昔の良さ，空き家の良さが分かるので空き家は，「もうどうでもいい」という考え方ではなく見方を変えて，いい所をさがすといいと思いました。
ぼくは，空き家再生のよさを提案するぞ！
空き家再生のよさは、どんなの？

参加者のアンケートより

- 土堂小学校の実践は大変参考になりました。導入の工夫はもちろん，国語科との関連など，主体的な学びにつながる工夫がたくさんありました。
- 奈須先生のお話の中に「子どもにとって意味あるストーリー，文脈」というフレーズが出てきました。これは，どの教科でも道徳でも総合でも通じるものだと勉強になりました。主体的な学びをつくるため，子ども自身がどれだけ自分事として課題を捉えるかが大切だと感じていました。そのため，子どもがもっているエンジンをどう発動させるかを考え，今年度地域の方の願いや思いにふれる場面を設定しました。感動したり，何か引っかかる思いをもった生徒たちは自分から動くようになりました。あの地域の方の願いに応えたい，応える姿を合唱で見せたいと思うようになっていました。これが子どもにとって意味あるストーリーなのかなと感じました。

（2）市町教育委員会が主体となる「学びの変革」推進協議会の設置

広島市を除く県内22の市町教育委員会が「学びの変革」推進協議会を設置し，域内のすべての学校にパイロット校の研究を普及させ，主体的な学びが展開されるよう地域の中核教員が中心となって授業研究や実践発表等を行っている。各学校や市町教育委員会において，たとえば，ＩＣＴを効果的に活用し協働的な学びを行っている取り組み，思考ツールを取り入れ児童生徒の話し合いを活性化させ思考を深める取り組み，協調学習を取り入れている取り組みなど，多様な取り組みが推進されているところである。

（3）研究を推進するための支援

●チューター制度の導入

県教育委員会の教科および総合的な学習の時間の担当指導主事が「担当チューター」として中核教員に必ず付き，単元開発の指導助言を行ったり，学校全体での組織的な取り組みをサポートしたりしている。

チューター会議を年4回実施し，担当するパイロット校および中核教員の研究推進の状況について報告・協議を行い，課題を整理するとともに指導の方向性を共有している。さらにそれらを，県内の教育事務所および県立教育センター指導主事に広げるため，チューター会議で協議した内容などをまとめた通信を発行し配付した。

●指導主事等による学校訪問指導

県教育委員会関係課，各教育事務所・支所，県立教育センターおよび市町教育委員会の指導主事等が，パイロット校および実践指定校へ計画的に訪問指導を行っている。研究授業を参観し，指導講話をするだけではなく，教員と協働して，教材づくりや単元開発を行っている。

4. 学びを深めるポイント

●教職員がまず主体的な学びを！

校内研修や各種研修会等において，教職員がしっかり議論する場を設定する必要がある。取り組みを開始した年度当初は，「何をどのように取り組めばいいのかわからないので，具体的に指示してほしい」という声が相次いだ。しかし，県教育委員会は主体的な学びを促すための具体的な手法や型をあえて示していない。教職員が，県教育委員会から手法や型が示されるのを待っているのでは，典型的な「受動的な学び」になってしまう。やらされているという意識になる。そうではなく，各学校の教職員が「わが校の子どもたちに育成すべき資質・能力」について考え，共通認識をもった上で，その育成に必要な教育活動を主体的に行っていく必要があり，県教育委員会は各学校の多様な実践を支援する立場を採っている。「わが校の子どもたちがこれからの社会を生きていくためには，どのような資質･能力を身につけさせなければならないのか」「どのような子どもの姿をめざすのか」「カリキュラムをどのようにデザインしマネジメントするのか」など，校内でしっかり議論し，すべての教職員が納得して取り組みを進めていくことが大切である。

●不断の授業改善を！

「多くの優れた授業を見る」「自分の授業を多くの人に見てもらう」「自分の授業を自分で見る」この３つを行うことにより教師の学びは深まる。

まず，「優れた授業を見る」ことである。子どもたちが主体的に学んでいる授業は，教師の姿が前面に出てこない。教師はファシリテーターとなり，子どもたちを深い学びに導いている。その教師の言葉かけの内容，タイミング，間の取り方，ふるまいなど，プロとしての優れた技を見て自分の技の幅を広げることが大切である。広島県では，教師の指導力向上のため指導教諭を任命するとともに，教科等の指導力が特に優れた教諭を「授業の匠」として認証し，研修会等で授業公開をしている。

2つめは，「自分の授業を人に見てもらう」ことである。自分では気づかないことを他の教員から学ぶことができる。校内研修会や授業研究会などを年に何度も実施するのはなかなか難しいが，少しでも工夫を行い，日常的に授業を見合い，気づきを短時間でお互いに語り合うことであれば，取り組みやすい。教室を開き，自らの授業を多くの人に参観してもらうことで，独善に陥りやすい授業に多くのアドバイスを得ることができる。

3つめは，「自分の授業を自分で見る」ことである。中核教員は，自分の授業を録画し，研修会ではお互いに見合い，協議を行っている。授業では気づかなかった子どもの表情やつぶやきを見ることができ，自分の指導をリフレクションすることができる。

5. おわりに

「本プラン」は，実行2年目である。パイロット校を中心にさらに取り組みを加速させる。現在，2018年度全県展開に向けて，各学校においてさまざまな取り組みが進められているが,「資質・能力」の評価,教科を横断するカリキュラムデザインなど，多くの課題が明らかになっているところである。

中核教員は，研修で学んだ内容や講師から紹介された本の内容などをまとめ，校内の教職員に配付したり，校内研修で自らの実践を発表したりして，楽しみながら，協働的，主体的に学びを深めている。そのことにより，校内での学びが広がり，教職員の意識改革が進んでいることが多く報告されている。

県教育委員会では，県内すべての学校で，学習者基点の能動的な深い学びが展開されるよう，本プランを着実に実行して参りたい。

中核教員のアンケートから一部抜粋

教職員自身が課題を見つけることや，悩むこと自体が大切だと感じています。悩みながらも動いていこうという雰囲気が校内に出てきたと感じているので，このまま悩むことを教職員が楽しみながら進んでいきたいと思います。

〔広島県教育委員会ホームページ〕http://www.pref.hiroshima.lg.jp/site/global-manabinohenkaku-actionplan/

コラム6

専門家としての教師の成長

University College London, Institute of Education, MPhil/PhD student　本宮裕示郎

専門職としての教師

教師は専門職であると言われる。ただし，これまで一貫して専門職と見なされてきたわけではなかった。戦前戦中は，使命感や献身性，遵法の精神が要求される聖職者観が支配的だった。戦後に，労働基本権の保障要求などを経て，労働者としての教師という見方が生まれた。その後，ユネスコの勧告などにより，国際的に，教師が専門職として見なされるようになってきたのである。

では，教師の専門性とはどのようなものなのだろうか。それは，教育という営みの中に特徴的に見いだされる。たとえば，専門教科の学問的な内容を熟知しているだけや，学習者の発達過程を詳しく知っているだけでは，教育活動は成立しがたい。学問の論理と学習者の論理は必ずしも一致するとは限らないためである。つまり，実践を通じて，学問と学習者をつなぐための視点をもち，そして，その視点から教育内容を組み換え，学習活動を意図的に組織化する必要があると言えるだろう。

また，教師の専門性は実践の中で磨かれる技術的な側面だけに規定されるわけでもない。教育活動が人間同士の関わり合いの中で生まれる営みであるかぎり，一人の学び手として豊かな経験を培い人間として円熟していくこともまた，教師の専門性の一つの側面を支えているのである。

では，専門家としての教師の成長はどのように語ることができるのだろうか。教師のライフコースという切り口から，教師の成長について考えたい。

教師のライフコース

教師の平均的なライフコースとして，直面する課題をもとに，初任期，中堅期，指導職・管理職期あるいは円熟期がある（第1章の表1-1参照）。

初任期とは，入職後の約10年間を指し，前半・後半に分かれる。前半には，高い理想を掲げて着任する教師の多くは，イメージと現実のギャップに対して少なからずショックを受ける。しかしながら，ショックを抱えつつも，学習者と正面から向き合い，立ち現れる課題をそのつど乗り越えることで，前半から後半にかけて教師としてのアイデンティティが確立されていくことになる。

初任期を経て，中堅期へと移る。30歳前後から40代中頃までの時期を指す。校務分掌での主任職といった中核的な役割を任されはじめ，結婚や子育てといった生活上の転機を迎える時期でもある。この時期に，初任期に培った確かな経験に裏打ちされた，実り豊かな実践を行うことが可能になる。つまり，初任期に芽生えはじめた，学問の論理と学習者の論理をつなぐつぼみを，教室づくりとして，より華やかに開花させる時期が中堅期に相当する。

その後，円熟期へと移り，教師生活を通じて蓄積してきた経験を後継者へと受け継いでいくことになる。中でも，指導主事といった指導的な職務や教頭・校長といった管理的な職務を担う場合には，教室というこれまで自らを育んできた実践の場から距離を置くことを余儀なくされる。後継者の育成や学校の経営管理は，実践で磨いてきた教師としての力量が通用しない場でもあり，その違いに少なからず戸惑いを覚えることだろう。しかしながら，この時期に，学問の論理と学習者の論理に学校の論理を加えた，学校づくりへと視野を広げて教育活動を見直すことで，学校単位で新しい実践を生み出すことにもつながる可能性に満ちあふれた時期になりうるのである。

教師の成長の契機

このように，教師はライフコースにおいて経験したことのない課題と可能性が常に背中合わせの状態にある。それは，教師という職業が，経験に応じて右肩上がりにスキルをただ向上させるものではないことを意味する。つまり，実践を重ね技術的な側面を向上させるとともに，ライフコースに応じて現れる課題を，そのつど乗り越え，そこに含まれる可能性を多様に発揮させることが，教師の成長の契機になるといえる。これらの変化が学び手である教師に人間としての深みを与え，専門職としての教師を根底から支えることになるのである。

編著者・執筆者紹介（執筆順）

【編著者】

石井英真（京都大学大学院教育学研究科准教授）

【執筆者】

石井英真（上掲）まえがき，第1章

大貫 守（京都大学大学院教育学研究科大学院生・日本学術振興会特別研究員）コラム①

大杉 稔（大阪樟蔭女子大学准教授） 第2章1

原田三朗（愛知県豊川市立一宮南部小学校教諭） 第2章2

黒田拓志（香川大学教育学部附属高松小学校教諭） 第2章3

岸田蘭子（京都府京都市立高倉小学校長） 第2章4

福嶋祐貴（京都大学大学院教育学研究科大学院生・日本学術振興会特別研究員） コラム②

次橋秀樹（京都大学大学院教育学研究科大学院生） コラム③

金 大竜（大阪府大阪市立千本小学校教諭） 第3章1

渡辺貴裕（東京学芸大学大学院教育学研究科准教授） 第3章2

竹沢 清（元愛知県立特別支援学校教諭） 第3章3

中西修一朗（京都大学大学院教育学研究科大学院生） コラム④

徳島祐彌（京都大学大学院教育学研究科大学院生・日本学術振興会特別研究員） コラム⑤

遠藤貴広（福井大学大学院教育学研究科准教授） 第4章1

西岡加名恵（京都大学大学院教育学研究科准教授） 第4章2

榎本龍也（和歌山県日高川町立川辺西小学校教頭） 第4章3

北川千幸（広島県教育委員会参与） 第4章4

本宮裕示郎（University College London, Institute of Education, MPhil/PhD student） コラム⑥

（所属は2017年2月現在）

【編著者紹介】

石井英真（いしい てるまさ）

京都大学大学院教育学研究科准教授，博士（教育学）

主な著書に，『現代アメリカにおける学力形成論の展開―スタンダードに基づくカリキュラムの設計―』（単著，東信堂），『時代を拓いた教師たち』Ⅰ・Ⅱ（共著，日本標準），『今求められる学力と学びとは―コンピテンシー・ベースのカリキュラムの光と影―』（単著，日本標準），『小学校発　アクティブ・ラーニングを超える授業――質の高い学びのヴィジョン「教科する」授業』（編著，日本標準），『〈新しい能力〉は教育を変えるか―学力・リテラシー・コンピテンシー―』，『教職実践演習ワークブック―ポートフォリオで教師力アップ―』（以上，共著，ミネルヴァ書房），『新しい教育評価入門――人を育てる評価のために』（共著，有斐閣），『中学校「荒れ」克服 10 の戦略――本丸は授業改革にあった！』（共著，学事出版），『［Round Study］教師の学びをアクティブにする授業研究――授業力を磨く！アクティブ・ラーニング研修法』（共著，東洋館出版）など

教師の資質・能力を高める！
アクティブ・ラーニングを
超えていく「研究する」教師へ
―教師が学び合う「実践研究」の方法―

2017 年 3 月 20 日　第 1 刷発行

編著者　石井英真
発行者　伊藤 潔
発行所　株式会社 日本標準

〒 167-0052　東京都杉並区南荻窪 3-31-18
電話　03-3334-2630［編集］　03-3334-2620［営業］
http://www.nipponhyojun.co.jp/
印刷・製本　株式会社 リーブルテック

ISBN 978-4-8208-0612-7
Printed in Japan